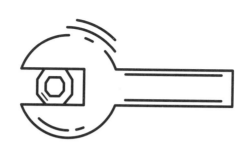

摩托车常见故障

识别·检测·诊断·分析·排除

顾惠烽　罗永志　等编著

化学工业出版社

·北京·

内 容 简 介

本书系统介绍了摩托车上的各类常见故障，涉及摩托车上各大重要系统和组成机构的方方面面。对于各类故障，结合具体的现象，分析产生的原因，并给出诊断和排除的具体方法、操作步骤、操作要领。较复杂难懂的内容，采用了"微视频教学与文字内容相结合"的形式进行介绍，直观易懂，便于掌握。

本书可作为摩托车维修技术快速入门和提高的指导书，也可作为专业院校师生的参考书和相关企业的培训用书。

图书在版编目（CIP）数据

摩托车常见故障：识别·检测·诊断·分析·排除 / 顾惠烽等编著. —北京：化学工业出版社，2021.9
ISBN 978-7-122-39459-0

Ⅰ.①摩… Ⅱ.①顾… Ⅲ.①摩托车 - 故障诊断②摩托车 - 故障修复 Ⅳ.① U483.07

中国版本图书馆 CIP 数据核字（2021）第 134104 号

责任编辑：黄 滢 黎秀芬 装帧设计：王晓宇
责任校对：李雨晴

出版发行：化学工业出版社（北京市东城区青年湖南街13号 邮政编码100011）
印 装：大厂聚鑫印刷有限责任公司
710mm×1000mm 1/16 印张13½ 字数219千字 2022年1月北京第1版第1次印刷

购书咨询：010-64518888 售后服务：010-64518899
网 址：http://www.cip.com.cn
凡购买本书，如有缺损质量问题，本社销售中心负责调换。

定 价：69.80元 版权所有 违者必究

前言
Preface

　　随着现代摩托车技术和电子技术的不断融合，摩托车的构造也越来越复杂，摩托车产生故障的原因、种类和表现形式也越来越多样化，这就给摩托车维修工作带来了诸多困难。因此，学习和掌握摩托车常见故障的检测、分析、诊断、排除方法和操作要领，无疑是新一代摩托车维修技术人员不可或缺的一项重要技能。对于一般的摩托车驾驶员而言，了解一些摩托车常见故障的识别方法和技巧，也有利于日常方便地开车、用车和养车，不至于在车辆出故障时手忙脚乱、不知如何是好。鉴于此，化学工业出版社组织我们编写了《摩托车常见故障　识别·检测·诊断·分析·排除》一书。

　　本书系统介绍了200余项摩托车上的各类常见故障，按照摩托车基本知识、发动机常见机械故障、发动机常见电控故障、发动机常见综合故障、传动系统常见故障、行驶和操纵系统常见故障、电气系统常见故障的顺序逐一进行阐述。内容涉及摩托车上各大重要系统和组成机构的方方面面，如燃油供给系统、进气和排气系统、润滑和冷却系统、点火系统、启动系统、电源系统、照明系统、信号系统，离合器、变速器、后传动装置、悬挂装置、车轮、制动装置、操纵部分等。对于各类摩托车故障，结合具体的故障现象，分析故障产生的原因，并给出故障诊断和排除的具体方法、操作步骤、操作要领。

　　本书内容实用、通俗易懂，在内容编排上均以图表结合的形式进行介绍，格式清晰，易于理解和掌握。此外，为便于读者快速消化和高效吸收所学知识，书中对于比较复杂难懂的内容，采用了微视频教学与文字内容相结合的形式进行介绍。读者可在阅读本书的过程中，用手机或者其他电子设备扫一扫书中相应章节的二维码，即可观看视频讲解，将视频内容和文字内容对照学习，更加直观易懂。

本书由顾惠烽、罗永志、赵鹏媛、彭川、陈浩、黎文武编著。在编写过程中参考了相关资料及原车维修手册，在此一并表示感谢！

由于笔者水平有限，书中不妥之处在所难免，敬请广大读者批评指正。

编著者

目录
Contents

第 **1** 章

摩托车基本知识

1

第 **2** 章

发动机常见机械故障

29

第 3 章

发动机常见电控故障

97 ————————

第 4 章

发动机常见综合故障

123 ————————

第 5 章

传动系统常见故障

161 ————————

第 6 章

行驶、操纵系统常见故障

179 ————————

第 **7** 章

电气系统常见故障

189 ————————————

参考文献

本书配套视频清单

序号	视频内容			页码
1	机油泵	1.1	检查机油泵	51
		1.2	拆卸机油泵	
		1.3	安装机油泵	
2	气门	2.1	检查气门	53
		2.2	拆卸气门	
		2.3	安装气门	
3	化油器	3.1	拆卸化油器	83
		3.2	分解化油器	
		3.3	安装化油器	
4	曲轴	4.1	检测曲轴	92
		4.2	拆卸曲轴	
		4.3	安装曲轴	
5	冷却风扇罩	5.1	冷却风扇罩的拆卸	96
		5.2	冷却风扇罩的安装	
6	火花塞	6.1	检查火花塞	122
		6.2	拆卸火花塞	
		6.3	安装火花塞	
7	活塞及活塞环	7.1	活塞及活塞环的拆卸	131
		7.2	活塞及活塞环的安装	
8	进排系统	8.1	进排系统的拆检	132
		8.2	进排系统的安装	
9	气缸体的检测			160

第 **1** 章　摩托车基本知识

1.1 摩托车的分类

1.1.1 按管理分类

根据国家标准《机动车辆及挂车分类》（GB/T 15089—2001）的规定，摩托车属于 L 类，即少于四轮的机动车辆。L 类又分为以下 5 类。

L1 类——装用排量不超过 50mL 的发动机，最高设计车速不超过 40km/h 的两轮车。这实际上指的是轻便两轮摩托车。

L2 类——装用排量不超过 50mL 的发动机，最高设计车速不超过 40km/h 的三轮车。这实际上指的是轻便三轮摩托车。

L3 类——装用排量超过 50mL 的发动机，或设计车速超过 40km/h 的两轮车。这是通常指的两轮摩托车。

L4 类——装用排量超过 50mL 的发动机，或设计车速超过 40km/h，三个车轮相对于车辆的纵向中心平面为非对称布置的车辆（如边三轮摩托车）。

L5 类——装用排量超过 50mL 的发动机，或设计车速超过 40km/h，厂定最大总质量不超过 1t，且三个车轮相对于车辆的纵向中心平面为对称布置的车辆，通常称为正三轮摩托车。

1.1.2 按用途和结构特点分类

我国把摩托车产品分为两大类，即轻便摩托车和摩托车。按原标准规定，凡是发动机排量不大于 50mL，最高设计车速不超过 50km/h 的为轻便摩托车；发动机排量为 50mL 及其以上，或最高设计车速超过 50km/h 的为摩托车。轻便摩托车又分为轻便两轮摩托车和轻便三轮摩托车。

摩托车可分为以下三大类十五种车型。

① 两轮车（图 1-1）：普通车、微型车、越野车、普通赛车、微型赛车、越野赛车、特种车。

② 边三轮车（图 1-2）：普通边三轮车、特种边三轮车（警车、消防车）。

③ 正三轮车（图 1-3）：普通正三轮车 （客车、货车）、专用正三轮车（容罐车、自卸车、冷藏车）。

以上一些车型的定义如下。

两轮车：装有一个驱动轮与一个从动轮的摩托车。

图 1-1　普通两轮摩托车

图 1-2　边三轮摩托车

图 1-3　正三轮摩托车

普通车：坐式或骑式车架，轮辋基本直径不小于304mm，适合在公路或城市道路上行驶的两轮车。

微型车：坐式或骑式车架，轮辋基本直径不大于254mm，适合在公路或城市道路上行驶的两轮车。

越野车：骑式车架，宽型方向把，越野型轮胎，剩余垂直轮隙及离地间隙大，适合在非公路地区行驶的两轮车。

普通赛车：骑式车架，狭窄方向把，坐垫偏后，轮辋基本直径不小于304mm，装有大功率、高转速发动机，专用于特定跑道上竞赛车速的两轮车。

微型赛车：坐式或骑式车架，轮辋基本直径不小于254mm，装有大功率、高转速发动机，专用于特定跑道上竞赛车速的两轮车。

越野赛车：具有越野性能，装有大功率发动机，专用于非公路地区竞赛车速的两轮车。

特种车：经过改装之后用于完成特殊任务的两轮车，例如开道用警车。

边三轮车：在两轮车的一侧装有边车的摩托车。

普通边三轮车：用于载运乘员或货物的边三轮车。

特种边三轮车：装有特种装备，用于完成特殊任务的边三轮车，例如警用边三轮车。

正三轮车：装有与前轮对称分布的两个后轮的摩托车。

普通正三轮车：用于载运乘员或货物的正三轮车。

专用正三轮车：装有专用设备，用于完成指定任务的正三轮车。

1.2　摩托车维修工具介绍

摩托车维修所需要的通用工具主要有扳手、螺丝刀、手锤、手钳、钢直尺、卡钳、角尺、厚薄规、游标卡尺、千分尺、百分表等。

1.2.1　通用工具

（1）扳手

摩托车修理工常使用的扳手主要有：开口扳手、梅花扳手、套筒扳手、活动扳手、扭力扳手、内六角扳手等。

① 开口扳手（图1-4）。开口扳手是最常见的一种扳手，又称呆扳手。其开口的中心平面和本体中心平面成15°角，这样既能适应人手的操作方向，又

可降低对操作空间的要求。其规格是以两端开口的宽度（mm）来表示的，如
8 ～ 10mm、12 ～ 14mm 等；通常是成套装备，有 8 件一套、10 件一套等。

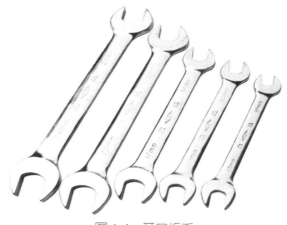

图 1-4　开口扳手

② 梅花扳手（图 1-5）。梅花扳手两端是环状的，环的内孔由两个正六边形
互相同心错转 30°而成。使用时，扳动 30°后，即可换位再套，因而适用于狭
窄场合下操作，与开口扳手相比，梅花扳手强度高，使用时不易滑脱，但套上、
取下不方便。其规格是以闭口尺寸（mm）来表示，如 8 ～ 10mm、12 ～ 14mm
等，通常是成套装备，有 8 件一套、10 件一套等。

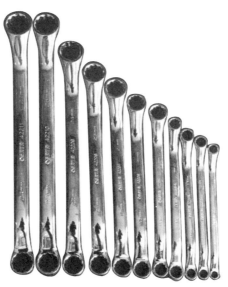

图 1-5　梅花扳手

③ 套筒扳手（图1-6）。套筒扳手的材料、环孔形状与梅花扳手相同，适用于拆装位置狭窄或需要一定扭矩的螺栓或螺母。套筒扳手主要由套筒头、手柄、棘轮开关、快速摇柄、接头和接杆等组成，各种手柄适用于各种不同的场合，以操作方便或提高效率为原则，常用套筒扳手的规格是 10～32mm。在摩托车维修中还经常使用许多专用套筒扳手，如火花塞套筒扳手、轮毂套筒扳手、轮胎螺母套筒扳手等。

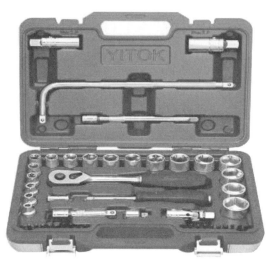

图1-6　套筒扳手

④ 活动扳手（图1-7）。活动扳手的开口尺寸能在一定的范围内任意调整，使用场合与开口扳手相同，但活动扳手操作起来不太灵活。其规格是以最大开口宽度（mm）来表示的，常用有 150mm、300mm 等。

图1-7　活动扳手

⑤ 扭力扳手（图 1-8）。扭力扳手是一种可读出所施转矩大小的专用工具。其规格是以最大可测扭矩来划分的，常用的有 300N·m、500N·m 两种。扭力扳手除用来控制螺纹件的旋紧力矩外，还可以用来测量旋转件的启动转矩，以检查配合、装配情况。

图 1-8　扭力扳手

⑥ 内六角扳手（图 1-9）。内六角扳手用于拆装内六角螺栓（螺塞）。其规格以六角形对边尺寸 S 表示，有 3 ～ 27mm 尺寸的 13 种，摩托车维修作业中使用成套内六角扳手拆装 M4 ～ M30 的内六角螺栓。

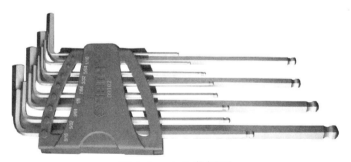

图 1-9　内六角扳手

（2）螺丝刀

螺丝刀也称为螺钉旋具、改锥、起子或解刀，用来紧固或拆卸螺钉。它的种类很多，常见的有：按照头部形状的不同，可分为一字和十字两种；按照手柄材料和结构的不同，可分为木柄、塑料柄、夹柄和金属柄 4 种；按照操作形式可分为手动、电动和气动等几种。

① 一字螺丝刀（图1-10）。一字螺丝刀又称一字形螺钉旋具、平口改锥，用于旋紧或旋松头部开一字槽的螺钉。一字螺丝刀由木柄、刀体和刃口组成。其规格以刀体部分的长度表示，常用的规格有100mm、150mm、200mm和300mm等几种，使用时，应根据螺钉沟槽的宽度选用相应的规格。

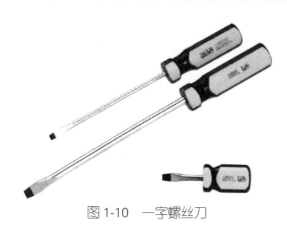

图1-10   一字螺丝刀

② 十字螺丝刀。十字螺丝刀又称十字槽螺钉旋具、十字改锥，主要用来旋紧或旋松十字槽形的螺钉、木螺栓和自攻螺栓等。其规格与一字螺丝刀相同。

（3）手锤

手锤又称圆顶锤，如图1-11所示。其锤头一端平面略有弧形，是基本工作面；另一端是球面，用来敲击凹凸形状的零件。规格以锤头质量来表示，以0.5～0.75kg的最为常用。

图1-11   手锤

（4）手钳

手钳是摩托车修理工常用工具，主要有鲤鱼钳、钢丝钳、尖嘴钳、剥线钳等（图1-12）。

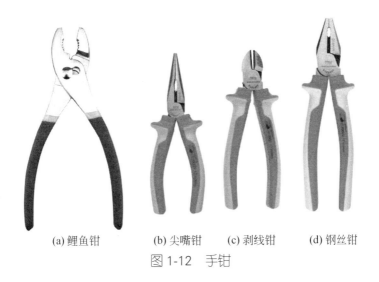

(a) 鲤鱼钳　　(b) 尖嘴钳　　(c) 剥线钳　　(d) 钢丝钳

图 1-12　手钳

鲤鱼钳钳头的前部是平口细齿，适用于夹捏一般小零件，中部凹口粗长，用于夹持圆柱形零件，也可以代替扳手旋小螺栓、小螺母，钳口后部的刃口可剪切金属丝。由于一片钳体上有两个互相贯通的孔，又有一个特殊的销子，所以操作时钳口的张开度可很方便地变化，以适应夹持不同大小的零件，是摩托车维修作业中使用最多的手钳。其规格以钳长来表示，一般有 165mm、200mm 两种。

钢丝钳是一种夹钳和剪切工具。钢丝钳由钳头和钳柄组成，钳头包括齿口、刀口和侧口。齿口可用来紧固或拧松螺母；刀口可用来剖切软电线的橡胶或塑料绝缘层，也可用来剪切电线、金属丝；铡口可以用来切断电线、钢丝等较硬的金属线。钢丝钳的支销相对于两片钳体是固定的，故使用时不如鲤鱼钳灵活，但剪断金属丝的效果比鲤鱼钳要好。常用的规格主要有 150mm、175mm、200mm 三种。

尖嘴钳又叫修口钳。因其头部细长，所以能在较小的空间工作，带刃口的能剪切细小零件，使用时不能用力过大，否则钳口头部会变形或断裂。其规格以钳长来表示，常用的规格有 160mm 一种。

剥线钳适用于塑料、橡胶绝缘电线、电缆芯线的剥皮。它由刀口、压线口和钳柄组成，钳柄上套有额定工作电压 500V 的绝缘套管。

（5）钢直尺

钢直尺是用不锈钢片制成的，尺面上刻有尺寸（图 1-13）。

图 1-13　钢直尺

钢直尺的长度规格一般有 15mm、200mm、300mm、500mm 四种，其测量精度一般只能达到 0.2 ～ 0.5mm。如果要用钢直尺测量零件的外径或内径尺寸，则必须与卡钳配合使用。

（6）卡钳

卡钳有测外径尺寸和测内径尺寸两种，如图 1-14 所示。测外径尺寸的卡钳可用于测量零件的厚度、宽度和外径等，称为外卡钳。测内径尺寸的卡钳用于测量孔径及沟槽宽等，称为内卡钳。

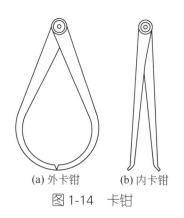

(a) 外卡钳　　(b) 内卡钳

图 1-14　卡钳

（7）角尺

角尺也称为弯尺，如图 1-15 所示。它的内、外角两个边互相垂直。角尺用于检验直角、划线及安装定位。角尺的规格用长边和短边的尺寸来表示，例如 250mm×160mm 的角尺，就是指长边为 250mm、短边为 160mm 的角尺。

图 1-15　角尺

（8）厚薄规

厚薄规也称为塞尺或间隙规，如图 1-16 所示。它是由一组薄钢片，把一端钉在一起而构成，每片上都刻有自身厚度的尺寸。摩托车修理工经常用它测量配合零件间的间隙大小，或用它与平尺、等高垫块配合，检验工作台台面的平面度误差。它的工作尺寸一般为 0.02mm、0.03mm…1.0mm，测量精度为0.01mm。

图 1-16　厚薄规

（9）游标卡尺

游标卡尺（图 1-17）是一种比较精密的量具，其结构简单，可以直接测量出零件的内径、外径、长度和深度等。游标卡尺按测量精度可分为 0.10mm、0.05mm、0.02mm 三个量级。按测量尺寸范围有 0 ～ 125mm、0 ～ 150mm、

0 ～ 200mm、0 ～ 300mm 等多种规格，使用时根据零件精度要求及零件尺寸大小进行选择。

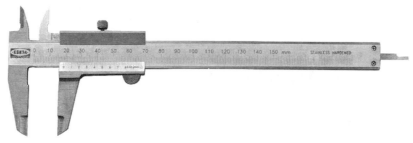

图 1-17　游标卡尺

常见游标卡尺的结构如图 1-18 所示，它由主尺、副尺和卡爪及紧固螺钉组成。内、外固定卡爪与主尺制成一整体，而内、外活动卡爪与副尺（即游标尺）制成一体，并可在主尺上滑动。主尺上的刻度，公制的每格为 1mm，副尺上的刻度，每格不足 1mm。当两个卡爪合拢时，主、副尺上的零线应相重合。在两卡爪分开时，主、副尺刻线即相对错动。测量时，根据主、副尺错动位置，即可在主尺上读出毫米整数，在副尺上读出毫米小数。紧固螺钉可使副尺固定在主尺某一位置，以便读数。

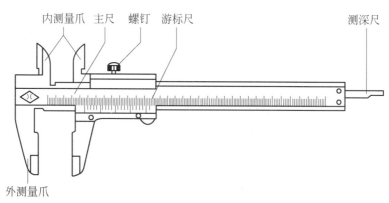

图 1-18　常见游标卡尺的结构

（10）千分尺

千分尺（图 1-19）是用微分套筒读数的测量工具，千分尺的测量精度比游标卡尺高，其精度为 0.01mm。按照用途可分为外径千分尺、内径千分尺和深度千分尺几种，其中外径千分尺最常用。外径千分尺用来测量零件的外径、长度和厚度等，按测量范围分有 0 ～ 25mm、25 ～ 50mm、50 ～ 75mm 多种规格。

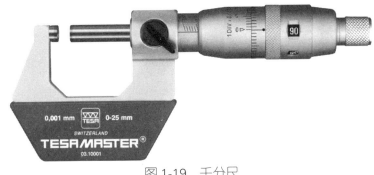

图 1-19　千分尺

外径千分尺由弓架、测量螺杆等组成，如图 1-20 所示。测量螺杆是右旋螺纹，螺距为 0.5mm，也有 1mm 螺距的测量螺杆，测量螺杆的一端是圆柱测量杆，经淬硬并磨光，装在弓架上的固定套筒内，它的端面和砧座量面平行（图 1-20）。

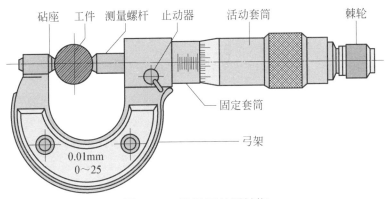

图 1-20　外径千分尺结构

固定套筒一端与弓架相连，另一端有内螺纹，可与螺杆相配合。使螺杆在旋转过程中能同时轴向移动。固定套筒外面有尺寸刻线，刻线间距为 1mm，中间两侧的刻线相错半格（0.5mm）。

微分套筒套在固定套筒上，并与测量螺杆相连，当螺杆旋转时，微分套筒可在固定套筒上移动。在微分套筒的锥面上有圆周等分刻线。当螺杆螺距是 0.5mm 时，成 50 等分；当螺杆螺距是 1mm 时，成 100 等分，所以微分套筒每转一格，螺杆轴向移动 0.01mm。

在螺杆的另一端装有摩擦棘轮，棘轮旋转时，带动螺杆转动，直到螺杆的测量面紧贴零件，螺杆停止转动，如再旋转棘轮就会发出响声，此时表示，已与测量面接触并达到适当的测量力。

（11）百分表

百分表（图1-21）是零件加工和机器装配中，检查零件尺寸和形状误差的主要量具，如图1-21所示。它常被用来测量零件表面的平面度、直线度、零件两平行面间的平行度和圆形零件的圆度、圆跳动等。百分表的测量范围有0～3mm、0～5mm、0～10mm 三种规格。

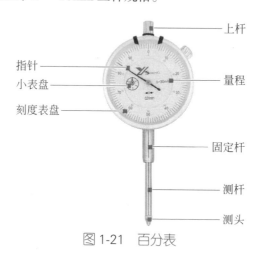

指针
小表盘
刻度表盘

上杆
量程

固定杆

测杆

测头

图 1-21　百分表

测轴的下端装有测头，测量时，当测量头触及零件被测表面后，测轴能上下移动。测轴每移动1mm，指针转一整周，表盘上的刻线把圆周分成100等分，因此，指针摆动一格时，测轴移动0.01mm，所以百分表的测量精度为0.01mm。

1.2.2 专用工具

在摩托车的拆装、检查及修理过程中，除通用工具外，还必须使用专用工具。正确、恰当地使用专用工具，才能避免损坏机件，保证拆卸、调整及装配合理、准确。

摩托车维修中常用到的专用工具有主要有离合器装配工具、活塞环夹子、活塞销压卸器、装拆活塞环钳子、曲轴拉入器、磁电机拔卸器、辐条扳手、气门芯扳手、火花塞套筒扳手、排气管扳手、活塞上止点测量工具、止动器、撬胎棒等。

（1）离合器装配工具（图1-22）

拆卸摩托车离合器时，没有专用工具是难以完成的，尤其是盘式离合器上的压盘紧固螺钉无法拧紧。

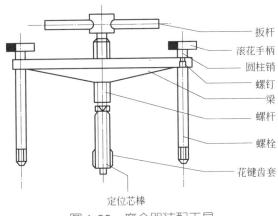

扳杆
滚花手柄
圆柱销
螺钉
梁
螺杆
螺栓
花键齿套
定位芯棒

图 1-22 离合器装配工具

装配时，先将离合器弹簧装在飞轮的弹簧孔座内，放上下压盘，将定位芯棒装在下压盘上（将定位芯棒的四方装入下压盘的四方孔内），套上花键齿套，再装上驱动片、上压盘。将螺栓拧入飞轮销的螺孔中（最少要拧入5扣），顺时针转动扳杆，使弹簧压缩至上压盘与飞轮销端面接触，先装上4个螺钉并拧紧，然后卸下工具，再装另外两个螺钉并拧紧。

（2）活塞环夹子（图1-23）

装配气缸时，要使活塞组合能顺利进入气缸，首先要压缩活塞环，使活塞环的外圆面与活塞的外圆面齐平。

图 1-23 活塞环夹子

装配时，先扳动扳手，使夹子张开，套在活塞组合的活塞环外径上，再扳动扳手，使夹子合拢，压缩活塞环外圆，使其与活塞外圆平齐。将气缸套在活塞组合上，并往下推至活塞环进入气缸。重复上述动作至所有活塞环装入气缸，再松开扳手，取下活塞环夹子。

（3）活塞销压卸器（图1-24）

活塞销和活塞的配合一般是较紧的，分解时切不可敲击，以免连杆弯曲变形。

分解时，将托环套在活塞上，使顶杆进入活塞销的内孔，顺时针转动扳杠，直至活塞销全部压出为止。

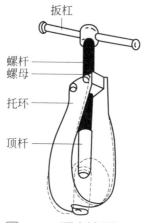

图 1-24　活塞销压卸器

（4）装拆活塞环钳子（图1-25）

装拆活塞环时，一定要用专用工具，不能用手硬扳，以免将活塞环折断，甚至损坏活塞。

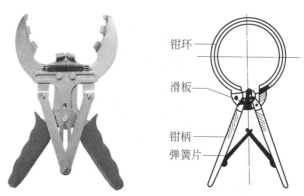

图 1-25　装拆活塞环钳子

使用时，将活塞环放入钳环内，使活塞环的开口对准钳柄的顶头，用力握钳柄，活塞环便可张开，从而将活塞环装入活塞环槽内，或从活塞环槽内取下活塞环。

（5）曲轴拉入器（图1-26）

修理发动机时，一般采用拉入法将发动机曲轴组合装入曲轴箱中。

图1-26 曲轴拉入器

使用时，将垫圈顶住曲轴箱体端面，螺套装在曲轴的螺纹端，用扳手扳外套，用另一把扳手扳螺母，曲轴则慢慢进入曲轴箱内。

（6）磁电机拔卸器（图1-27）

使用时，将螺套旋入磁电机内螺纹中（左旋），扳动活动扳杠，使顶杆顶入曲轴中心孔，继续扳动活动扳杠，即可卸下磁电机。

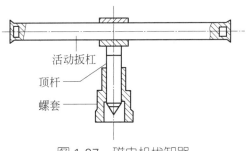

图1-27 磁电机拔卸器

（7）辐条扳手（图1-28）

辐条扳手用于扳动辐条螺母，调整轮圈轴向和径向跳动以及辐条松紧度。

有圆形辐条扳手和板状辐条扳手，每个有 6 个不同尺寸的开口，适应各种辐条的螺母尺寸。

图 1-28　辐条扳手

（8）气门芯扳手（图 1-29）

气门芯扳手用于拆装轮胎气门芯和维修气门嘴。它由板牙、丝锥、扳手组成。丝锥用来修理气门嘴内螺纹，圆板牙修正气门嘴外螺纹。板牙牙距为 0.8mm，丝锥牙距为 0.75mm，扳手的方形开口为 2.1mm。

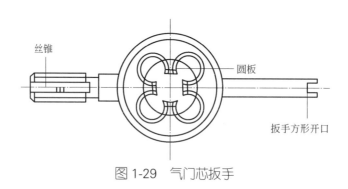

图 1-29　气门芯扳手

（9）火花塞套筒扳手

火花塞套筒扳手用于拆装火花塞。

（10）排气管扳手（图 1-30）

排气扳手是用于拆装排气管螺母。排气管的厚度一般为 4mm，其他有关尺寸根据排气管螺母的直径大小来确定。

使用时，将排气管扳手钩头卡在排气管螺母的凹槽内，将圆弧面抵在排气管螺母的外表面上，用力扳动排气管扳手的尾部，即可拧松排气管螺母。也可以用锤子打击扳手的尾部，使排气管螺母松动后，再用手扳动。

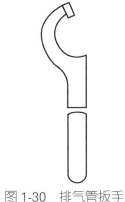

图1-30 排气管扳手

（11）活塞上止点测量工具（图1-31）

活塞上止点测量工具由测量头、套筒、表夹螺钉和百分表组成。

使用时，将套筒装入火花塞安装孔中。与百分表配合能较准确地测量点火提前角。

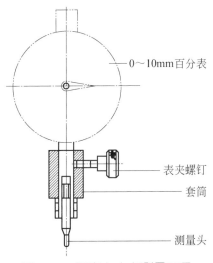

0～10mm百分表

表夹螺钉

套筒

测量头

图1-31 活塞上止点测量工具

（12）止动器

止动器由圆柱销、顶板、铆钉、钩板、固定杆等零件组成，如图1-32所示。当拧紧磁电机固定螺母和小链轮固定螺母时，可以使用该工具固定磁电机飞轮和小链轮，以免跟随旋转，给拆装造成困难。

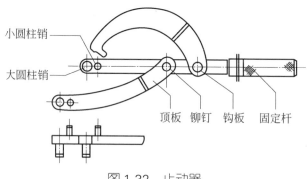

小圆柱销

大圆柱销

顶板　铆钉　钩板　固定杆

图 1-32　止动器

（13）撬胎棒（图1-33）

手用撬胎棒用于拆装各种规格的轮胎，由 2 ～ 3 支组合使用，根据轮胎钢边松紧程度选用大小适合的撬胎棒。有弯嘴和直嘴两种，柄部有圆形和扁形，也有用弹簧钢板切成条弯制、修磨而成。

图 1-33　撬胎棒

1.3　摩托车故障诊断与排除基本方法

1.3.1　常用的诊断方法介绍

（1）经验法

主要凭操作者耳、眼、鼻、身等的感觉来确定各部技术状态好坏的方法，称为"经验法"。该方法的特点是不需要什么专用设备，不管在什么场合都可以进行。但此方法对复杂故障诊断速度较慢，且诊断准确性受检修人员的技术水平和工作经验影响较大。经验法可概括为四个字，即：看、听、嗅、摸。

① 看。就是观察，例如观察柴油发动机的排烟颜色，再结合其他情况分析，就可判断其工作情况。基本内容包括摩托车行驶的里程、保养情况、过去修理的情况、近期保养或修理的零部件等。此外还应对故障发生的情况有所了解，如属于突发故障，还是日积月累的"小毛病"所引发，这样可以使诊断过程少走弯路。例如摩托车运行在凹凸不平的道路上突然熄火，发动机不能启动，故障的原因可能是摩托车颠簸引起电路导线松动脱落，也可能是断电器触点产生烧熔黏结引起的。如果是一辆刚刚使用的摩托车，则可以不考虑磨损对发动机的影响，而对于使用时间较长的摩托车则要考虑发动机长期使用产生的影响。因此，即使是经验丰富的维修人员也应在多看多查的基础上进行诊断，而不应在情况不明时盲目诊断。

② 听。就是凭听觉判别摩托车的声响，从而确定哪些是异常响声，它们是怎样形成的。摩托车正常工作时，发出的声音有其特殊的规律性。有经验的维修人员，能从各部件工作时所发出的声音，大致辨别其工作是否正常。

③ 嗅。就是凭在摩托车运转中散发出的某些特殊气味，来判断故障之所在。这种方法对判断电气系统短路和离合器摩擦衬片烧蚀特别有效。

④ 摸。即用手触摸或扳动机件，凭手的感觉来判断其工作温度或间隙等是否正常。负荷工作一段时间后，触摸各轴承相应部件的温度，可以发现是否过热。一般情况下，手感到机件发热时，温度为40℃左右；感到烫手但不能触摸几分钟，温度为50～60℃；若一触及就烫得不能忍受，则机件温度已达到80～90℃甚至更高。

以上四个方面，并非是每一种故障诊断的必需程序，不同的故障可视其具体情况灵活运用。

（2）隔除法

部分地隔除或隔断某系统、某部件的工作，通过观察现象变化来确定故障范围的方法，称为"隔除法"。一般情况下，隔除、隔断某部位后，若故障现象立即消除，即说明故障发生在该处；若故障现象依然存在，则说明故障在其他处。例如，某灯不亮时，可从蓄电池处引一根导线直接与灯相接；若灯亮，说明开关至灯的线路发生了故障。

（3）试探法

对故障范围内的某些部位，通过试探性的排除或调整措施，来判别其是否正常的方法，称为"试探法"。进行试探性调整时，必须考虑到恢复原状的可能性，并确认不致因此而产生不良后果，还应避免同时进行几个部位或同一部位的几项试探性调整，以防止互相混淆，引起错觉。

（4）比较法

将怀疑有问题的零部件与正常工作的相同件对换，根据现象变化来判断其是否有故障的方法，称为"比较法"。

换件比较是在不能准确地判定各部件技术状态的情况下所采取的措施。实际上，在各种诊断方法中都包含着一定的比较成分，因此应不急于换件比较，尽量减少盲目拆卸对换。

（5）仪表法

使用轻便的仪器、仪表，在不拆卸或少拆卸的情况下，比较准确地了解摩托车内部状态好坏的方法，称为"仪表法"。

判断摩托车故障时，应充分运用推理分析方法，尽量将故障缩小到一个较小的范围。例如，发动机功率不足的原因是多方面的，有化油器的，有气缸机械运动部分的。诊断时首先查看排气管是否冒黑烟，关小阻风门后发动机功率是上升还是下降，如果发现关小阻风门后发动机的功率有所增加，就可以初步判断故障的原因在化油器上，而发动机气缸内部的机械问题就无须再进行检查，从而缩小了故障的范围。

形成摩托车故障的原因有些可以一目了然，有些是十分复杂的，准确而迅速地判断故障形成的原因，找出故障所在的部位，不仅取决于维修人员的技术水平、维修经验，而且取决于维修人员对摩托车结构、性能、各部分相互间关系的了解。

1.3.2　摩托车发动机异响故障诊断与排除方法

摩托车发动机运转时，常会产生一定程度的正常工作响声，但当某机构发生故障，引起异常响声时，若不及时检修，就容易加速机件的磨损或损坏，缩短摩托车的使用寿命。现将通常易发生的几种异响分述如下。

（1）活塞敲缸声

活塞与气缸间隙过大，发动机工作时，会产生一种较大、尖锐的敲击声，突然加速时，发出"嗒嗒"声。这种响声在发动机冷车及加速时最为明显，发动机运转后温度升高，响声会有所降低。

检查方法如下。

① 未启动发动机前，连续踏动启动杆，一般听不到敲击声。但当启动后，突然加速，便发生"嗒嗒"声，即为敲缸声。

② 拆下火花塞，往气缸内注入约 1/20L 机油，踏动启动杆数次，再启动发动机，如响声减轻或消除，则是活塞与缸壁间隙过大，机油暂时填满所致。但几分钟后，机油受热变稀漏去，响声仍会出现。

③ 用一长把改锥（或一根金属杆件），一端接触气缸的上部，另一端紧贴耳朵测听，会听到"嗒嗒"的敲击声。有时由于修理时将连杆小头套与活塞销装配较紧也会发生敲缸声，但这种响声较沉闷，且一般是修车后启动时才发生。

（2）活塞销的敲击声

活塞销与连杆小头套或活塞销与活塞销孔配合间隙过大，活塞上下运动时引起径向敲击，产生较清脆的"嗒嗒"声。

这种响声一般在发动机高速运转和突然加速时较为明显。将点火时间推迟，响声会稍减轻。

检查方法：不启动发动机，连续踏动启动杆，会听到气缸内发出一种"咯嗒、咯嗒"的声音。启动发动机后，使发动机怠速运转，将改锥接触气缸中上部，用耳朵侧听，有明显的"嗒嗒"声。

（3）爆震引起的敲击声

发动机突然加速或摩托车上坡时，气缸内部发出连续尖锐的"嗒嗒"声，即为爆震引起的敲击声。

爆震引起的敲击声与活塞销与连杆小头衬套配合间隙过大所发出的响声相似。但爆震引起的敲击声在怠速时不会发生，未启动前，踏动启动杆听不到响声；启动后，活塞销发出的响声连续而杂乱，而爆震引起的敲击声在加大负荷和上坡时最为明显，且响声较清脆。

产生爆震的原因有：

① 使用了低辛烷值的汽油；

② 点火时间过早；

③ 发动机过热；

④ 燃烧室内积炭过多；

⑤ 火花塞热值低。

（4）漏气声

气缸与气缸盖、气缸与曲轴箱体或左右曲轴箱体间，若紧固螺栓松动或垫片损坏，便会产生一种"唧唧"的漏气声。

启动后，匀速运转时响声不易听清；停车检查时，可从漏气处发现有明显的油迹。此现象若不严重时只需将紧固螺栓拧紧即可，严重时则应更换垫片。

（5）气门的敲击声

若由于调整不当或零件磨损而使气门间隙变大，气门机构就会发生短促而尖锐的敲击声。这种敲击声不随转速的变化而变化。可通过调整气门间隙或更换磨损零件的方法消除。

（6）活塞环杂声

若活塞环偏磨、活塞环弹性不足、活塞环抱死或活塞环切口间隙、侧隙、背隙过大，发动机运转时，爆发气体就会急速下窜，冲进曲轴箱面发出漏气敲击声。用改锥接触火花塞，侧耳细听，有清晰的"砰砰"声。

连杆大头轴承与轴承孔过度磨损或装配时间隙过大，曲轴旋转时就会产生径向撞击而发出较沉重的"哒咚"声。怠速运转时响声明显，中高速运转时响声杂乱且不易辨别。

检查时，先不启动发动机，连续踏动启动杆，会听到"咯哒、咯哒"的声音；启动后，怠速运转时，用改锥接触气缸的下端，用耳朵测听，有明显的"嗒嗒"声。

（7）化油器节气门敲击声

节气门在混合室体内不断地上下运动，因过度磨损导致间隙过大，在发动机进气行程时由于气流的冲击，节气门产生径向摆动而撞击混合室体，便会发出一种"咯咯咯"的响声。此响声在怠速运转时几乎听不到，油门拧到1/4开度时响声最大，再加大油门时，响声逐渐减小，当油门拧到底时，响声消失。

检查时，可用螺丝刀顶住化油器测听，在油门加至1/4开度时，有明显的敲击声。也可将空气滤清器拆下，用手指抵住节气门，敲击声消失，放松手指敲击声又响起，则可断定为节气门敲击声。

（8）化油器回火声

回火声发生在两种情况下：一种是启动时，从空气滤清器中发出"啪啪"声，并冒出一股白烟，且发动机难以启动；另一种是发动机工作时突然从空气滤清器中发出"啪啪"的响声。

启动时化油器回火的原因有：

① 混合气过稀；

② 点火时间过早；

③ 火花塞火花弱；

④ 断电器触点间隙不对；

⑤ 油中有水；

⑥ 油路堵塞；

⑦ 四冲程发动机进气门烧坏，进气门与挺杆无间隙。

发动机工作时化油器突然回火，其原因可能是：

① 发动机负荷太重，没有及时减挡；

② 电容器损坏或接触不良；

③ 油路堵塞使混合气过稀；

④ 四冲程发动机进气门突然"咬死"等。

（9）排气管放炮声

排气管放炮声也发生在两种情况下：一种是由于发动机工作不良，使可燃混合气在排气管内燃烧爆炸而发出"啪啪"声，响声清脆、响亮，同时冒火星或浓烟；另一种是由于消声器本身破裂，使一部分高压废气直接排入大气而发出"啪啪"声，其响声较弱、杂乱且不间断。

前一种情况下，排气管放炮的原因是：

① 混合气过浓；

② 点火时间过迟；

③ 汽油变质或有水分；

④ 电容器损坏；

⑤ 四冲程发动机排气门"咬死"或气门无间隙。

由于消声器破裂而产生放炮声，一般只能重新焊接，若是消声器尾部开口太大，也可用钳子将开口夹拢少许。

摩托车发动机异响判断方法。骑式摩托车的发动机实际上是由发动机和变速箱两大部分组成的，如果发动机和变速箱发生故障，均会产生异常响声。对于四冲程发动机来说，产生异常响声的原因更为复杂，也较难判断准确的产生部位。这是因为发动机怠速运转时，虽然变速箱在空挡位置，但发动机工作时所产生的动力仍然可以经离合器和一级减速主、从动齿轮传递给变速箱，使变速箱主轴与副轴部分常啮齿轮转动产生异响，对于这响声很难分清是发动机产生的还是变速箱产生的。

实际上，要准确判断异响的产生部位，可以分离离合器，使离合器从动部分和变速箱齿轮不转动，再根据异响是否消失，就可以判断出异响所发生的部位。

具体做法如下，使用主支撑将摩托车固定，启动发动机，并维持怠速运转。先握紧离合器操纵手柄，将离合器处于分离状态，切断发动机至变速箱的动力传递。由于润滑油黏力作用，使得离合器分离得不是很彻底，实际上离合器从动部分会跟随离合器主动部分一同转动。要想使变速箱主轴与副轴部分常啮齿轮不动，就要将变速箱挂入一挡或其他挡位，使变速齿轮接合，同时再踏下制动踏板，将车后轮制动，离合器从动部分就不会转动了。这时如果响声消失，说明异响是离合器从动部分至变速箱产生的；如果响声没有消失，说明异响是发动机产生的，再根据发动机构造和工作原理有针对性地对重点部位进行详细检查，就可以较快地排除发动机异响了。

摩托车使用过程中，其零部件发生磨损、腐蚀、氧化、松动甚至损坏，使摩托车的动力性、经济性、可靠性及其他技术指标下降，从而发生故障，导致摩托车不能工作。在判断故障部位和故障性质时，应遵循"从简到繁，由表及里，由易到难"的原则，按系统分段进行检查诊断。检查时，可采用先查两头，后检中间，逐渐逼近的方法，最后得出正确的诊断。

1.3.3　电气系统故障排除的方法

（1）故障诊断方法

摩托车故障是多种多样的，有电气的，有机械的，有油路的，而任何一个故障的发生，其原因又是多方面的。如摩托车启动不了，有机械的原因，如活塞环折断；油路的原因，如油箱中无燃油，化油器油平面过低等；电气方面的原因，集中表现在火花塞不跳火。而火花塞不跳火的原因又很多，当发现火花塞不跳火时，怎样在较短的时间内找到其故障所在，这就要有一套"诊断"的方法，只有准确地找到了故障的原因，才能达到手到"病"除的目的。

① 观察分析法。通过对车辆的仪表、指示灯及插接件的连接进行观察，看

故障出现前后是否有异常现象。例如接通点火开关，启动发动机，充电指示灯不灭说明充电系统工作不正常；又如接通点火开关，转向指示灯工作正常而喇叭不响，说明信号系统供电正常，故障发生在喇叭线路中，可能是断线、喇叭按钮接触不好或喇叭坏了。如果是帮别人修车，还应仔细询问车主故障发生的过程和故障发生前有什么异常，以便更快找到"病因"，对症下药。

② 搭接试火法。搭接试火法是检修电路故障常用的方法，它不需要什么设备，只要用一根导线，通过接线点或电气元件的接线柱、插接件（必要时断开插接件），与车架（或公共接地点）搭接，观察有无火花。有火花，说明有电源，则该点到电源的一段电路是通的。例如，接通点火开关，用一根线（或螺丝刀）将蓄电池点火系统的断电器触点臂（触点处于断开状态）与调整底盘触试，观察有无火花，如果有火花，说明点火线圈的初级线圈以前的一段电路是正常的；如果没有火花，则说明电源到初级线圈这段电路有断路之处。搭接试火法也可检查负载接地是否良好，即将导线一端接负载的搭铁端，另一端搭铁，如有火花说明负载对地不通；如无火花，则表明负载对地是通的。

使用搭接试火法时应注意：第一，搭接时间不能长，应搭一下就断开，再搭一下，以观察火花，更不应长期搭成固定的线路；第二，要善于判断短路电流和线路正常工作电流，一般短路电流火花很强，而工作电流火花弱一些，特别是短路电流，搭接时间不能长，以防止过多消耗电源的电力和因电流过大而烧坏线路；第三，这种方法一般只适用于蓄电池单独供电系统的线路检查；第四，在装有电子元件的某些部位，最好不要使用，防止电源极性接反而烧坏电子元件。

③ 直接电源法。直接电源法是用一根导线，直接与电源相连接，另一端与用电装置各接点触接，如触到电喇叭，电喇叭响了，则说明电喇叭到电源的一段线路有断路之处，用这种方法检查灯具、电喇叭、蜂鸣器等很方便。

④ 仪表检查法。仪表检测法是通过仪器、仪表和检测工具对电路或电气元件的各种参数进行测试，并与正常状况的参数对比，从而准确判断故障的一种方法。如用万用表可判断电气线路的通、断，可以较准确地测量各种线圈的直流电阻。例如长江750D三相交流发电机转子，其直流电阻为3.6Ω，如果测得电阻无穷大，说明绕组开路；如果测得电阻小于3Ω，说明绕线匝间短路。用万用表测电阻时，一定要切断电源，严禁在线路带电的情况下测电阻或量通路，否则会烧坏仪表。

用万用表还可以准确测量各点对地（搭铁）的电压，以便准确找出故障原因。如制动灯不亮，可用万用表检查灯座对地的电压是否有6V或12V，如果有，则表明电源是好的，应检查灯泡，如果灯泡也是好的，应检查搭铁线是否良好搭铁，如果都是好的，则是灯泡和灯座之间接触不良所致。

在没有万用表的情况下，可用一个灯泡，如6V车则用6V灯泡和一个灯座接两根线（在灯泡上直接焊两根线也行），检查电路中各点的电压。例如尾灯不亮，可将该灯泡一头搭铁，一头接尾灯电源线。如灯亮说明电源供电没有问题，如果不亮，说明此处无电压，即电源到灯泡这段电路有断路之处。

⑤ 元件替换法。元件替换法是指在检修时，怀疑某元件工作不正常，但一时难以测定，则选用一个良好的同一类型元件将其替换，通过对比来判断故障的一种方法。如交流供电照明系统灯泡不亮，可断开磁电机照明输出端，将蓄电池输出端接入照明电路，看照明系统的反应，以判断是磁电机照明线圈有故障还是照明设备电路有故障。其实，这种方法是摩托车爱好者最常用的方法。几乎所有骑摩托车的人，基本上都随身带有火花塞，其目的就是当摩托车发生启动困难等故障时，总是先换一个火花塞试试，这就是替换法。

（2）故障排除方法

① 根据上面所述故障诊断方法，找出故障原因和故障点。

② 当发现故障原因是某元件损坏且无法修复时，则应更换新的。元件、部件的更换应与原装件的型号、规格一致。如更换CDI点火装置时，CDI电子点火装置有多种，包括有触发线圈式、无触发线圈式及蓄电池式，这些都不能通用，否则即使是好的，更换后仍不点火。

③ 应由简到繁，由表及里，逐步深入。电气故障不像机械故障那样直观，有些故障可以直观看出，而有些只能通过检测才能确定。有些系统故障率高，诊断也比较容易，有些部件则很少发生故障，故障诊断也比较复杂。因此，在修理时应先检查故障率高的，容易检查的；后检查故障率低的，不易检查的。只有当故障已经确诊，必须打开进行修理时，方可进行拆卸。应尽量做到不拆或少拆元件、部件，以减少不必要的麻烦。如点火系统故障，应先检查火花塞或更换火花塞试验，若还不行，应检查点火线圈初级电流，不应先拆点火线圈、断电器和磁电机等。

第 2 章　发动机常见机械故障

摩托车发动机采用的是结构紧凑、外形尺寸小、重量轻、热效率高、启动和维修方便的汽油机。

汽油机按其工作循环来分，可分为二冲程和四冲程两类。凡发动机曲轴旋转一圈，即活塞上下往复两个行程就完成一个工作循环的发动机称为二冲程发动机；凡发动机曲轴旋转两圈，即活塞上下往复四个行程才完成一个工作循环的发动机称为四冲程发动机。

发动机的工作是由吸气、压缩、做功、排气四个过程组成的。所谓工作循环就是指发动机完成一次接一次的吸气、压缩、做功和排气的工作过程。

2.1　二冲程发动机工作原理

（1）压缩、进气行程

活塞此时由下止点向上运动，燃烧室容积变小，在上一循环排气后由扫气室吸入燃烧室的混合气体被压缩，另外曲轴箱由于活塞上升呈负压，化油器中混合气体被吸入曲轴箱内，在这个行程中，等活塞颈部关闭排气口后才开始压缩，而当活塞裙部打开吸气口之后才开始吸气，压缩与吸气是在活塞向上运动过程中同时进行的，因而也称为活塞上行行程（图 2-1）。

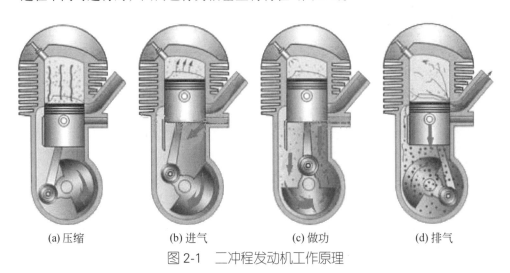

(a) 压缩　　　　　　(b) 进气　　　　　　(c) 做功　　　　　　(d) 排气

图 2-1　二冲程发动机工作原理

（2）做功、排气、扫气行程

这三个过程都是在活塞向下运动的行程中同时完成的，因而也称为活塞下行行程。在这个行程中，当活塞压缩进行到上止点时，燃烧室内经压缩后的高温、高压混合气被火花塞点火燃烧产生的高压气体推动使活塞下行做功，膨胀做功持续到排气口处开放，当排气口开放时，由于燃烧室内的燃烧废气的压力而自行向外排出，即排气过程；随着活塞下行，扫气口被打开，开始扫气过程，直到扫气过程开始之前被吸进曲轴箱的新混合气在活塞下行时被压缩（称为预压或一次压缩）。当扫气口开放时，被压缩的新混合气便通过吸气口进入气缸。因新混合气体得以将残存于气缸内的废气继续扫除，并使新鲜混合气完全充满气缸，这样在活塞下行行程中实现膨胀做功及排气，完成一个工作循环；而在下止点附近进行扫气，为下一循环做准备工作，活塞越过下止点后，又开始下一个工作循环。

2.2 四冲程发动机工作原理

（1）吸气行程

活塞下行，进气门开启，由于活塞下行使气缸内容积增大而形成负压，产生一定的吸力，经进气管进入化油器雾化后的混合气体被吸入燃烧室内，如图 2-2（a）所示。

（2）压缩行程

当活塞下行到下止点后开始上行，进气门被关闭，混合气被密闭于气缸之内，活塞的上行使气缸内的混合气被压缩，如图 2-2（b）所示。

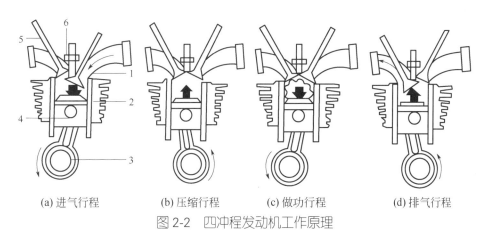

(a) 进气行程   (b) 压缩行程   (c) 做功行程   (d) 排气行程

图 2-2 四冲程发动机工作原理

1—进气门；2—气缸体；3—曲轴；4—活塞；5—排气门；6—火花塞

（3）膨胀（做功）行程

当活塞到达上止点时，被压缩的混合气使压力增大，火花塞开始点火，从而引起混合气迅速而剧烈地燃烧，从而产生高压推力使活塞下行做功。在四冲程发动机工作行程中，此行程是唯一做功的行程，如图 2-2（c）所示。

（4）排气行程

被燃烧的高压气体推压向下的活塞运动到达下止点后，由于曲轴的惯性而继续上升，此时排气门被打开，这时活塞将废气排出气缸外，直至到达上止点，完成了一个工作循环，准备开始下一个工作循环，进行新的进气行程，如图 2-2（d）所示。

2.3　气缸盖、曲轴连杆机构

2.3.1　作用与工作原理

气缸盖、曲轴箱、曲轴、连杆是发动机的主要零部件。

气缸盖的用途是密封气缸，并与活塞共同构成燃烧室，承受高温高压燃气的作用。为了保证气缸盖与气缸体之间的密封，气缸盖要承受很大的螺栓预紧力。因此气缸盖应具有足够的刚度、强度和抗疲劳性能。

曲轴、连杆是发动机的主要运动部件。活塞的往复运动通过连杆的平面运动转变为曲轴的旋转运动。曲轴通过连接的齿轮，把动力传递到摩托车的驱动部件。由于各个零件的运动形式、功用不同，所以其结构、材料也不同，在下面将详细介绍。摩托车发动机的气缸盖是通过压铸成形的，为了使气缸有良好的密封性能，要求气缸盖材料的内部组织具有一定的细密性，同时要求材料在压铸时，要有良好的流动性，避免产生缩孔等压铸缺陷。一般情况下，材料的导热性能越好，膨胀系数越小，高温疲劳强度越高，因而也越能承受热负荷和机械负荷的反复作用。摩托车发动机气缸盖一般都采用铝合金材料（图 2-3）。

图 2-3　曲轴连杆机构

2.3.2 常见故障及原因分析

（1）活塞、气缸异常磨损导致车辆动力下降（表2-1）

表 2-1 活塞、气缸异常磨损导致车辆动力下降

故障现象	冷车启动后，发动机工作基本正常，热机后上路行驶不到 2km，便出现动力下降现象
故障诊断	发动机动力不足的原因很多，首先分解化油器，对化油器各量孔及空气量孔等处进行检查，并重新清洗零件。再组装化油器，试车，故障现象依旧 仔细倾听发动机声响，感觉右缸有较明显的声响，类似于拉缸的声音。考虑到发动机曾分解过，气缸体总成和右缸活塞及环等零件也更换过，由此怀疑右缸摩擦副零件出现了异常磨损 为了验证这个判断，等发动机充分冷却后，支起中撑，使后轮离开地面，再次启动车辆，进行单缸工作试验。将左缸点火高压线拔出，试验右缸工作情况，再将右缸点火高压线拔出，试验左缸工作情况，试验结果基本正常。考虑到故障是在发动机热机后出现的，接着上路行驶，待骑行不到 2km 时停车，仍采用以上单缸试验法进行鉴别，结果发现右缸在热机后工作不正常，在油门开度基本一致的情况下，右缸单独运转时，发动机转速明显低于左缸。说明右缸活塞、环及缸筒明显存在异常。同时观察到左、右缸分别工作时，不管是冷机还是热机状态，排气消声器均不见冒蓝烟现象 根据试车结果和单缸试验的声音，决定再次分解发动机，检查右缸运动摩擦副零件的磨损情况。取出气缸体，仔细观察右缸活塞、环及缸筒，发现活塞裙部及活塞销孔周围有挤胀的痕迹，再检查气缸壁相应部位，明显存在拉伤印迹 拆下左右缸活塞，持外径千分尺测量其裙部尺寸（从底部向上 9mm 处），再使用缸杆百分表测量左右缸筒内径，经过计算得知，左缸活塞与缸筒配合间隙为 0.03mm，而右缸活塞与缸筒配合间隙不到 0.01mm，根据本田维修手册中的技术参数，活塞与气缸的配合间隙中差值为 0.025mm
故障原因	在更换右缸活塞时，没有考虑到与缸筒的配合间隙，随意选配活塞装上，致使右缸活塞与缸筒配合间隙偏小。在冷车时，由于活塞裙部还未完全膨胀，发动机加速运行基本正常。当摩托车行驶数千米后，发动机温度逐渐上升，活塞裙部因其尺寸选配偏大，造成与缸筒间隙过小，活塞在缸筒内的运行阻力加大，故而产生了轻微"抱缸"现象，导致左缸工作负担加大，发动机动力下降故障

故障解决	更换新活塞，测量其裙部尺寸，选配间隙小的活塞与缸孔配合，计算其配合间隙约为 0.03mm，精心复装所拆零部件，启动发动机，稍作暖车后，上路骑行约 5km，车辆加速性能恢复正常，发动机运行声音正常，交于用户使用并跟踪 2 个多月，用户反映良好，原车热机动力不足故障被排除

（2）气缸内有异响（表2-2）

表 2-2　气缸内有异响

故障现象	车辆骑行不到 20km，气缸内便有异常响声发出
故障诊断	热机时气缸发出异常响声，说明运动零件在机件热膨胀后，零部件之间出现了异常摩擦声响。为排除其他不可确定的因素，维修人员先将质量较好的 SG 级进口壳牌润滑油（黏度等级为 SAE15W/40）加入发动机曲轴箱内，启动发动机，挂低挡慢速行驶 20min，待机温升高后，逐渐换入高挡进入正常行驶阶段，但骑行不到 20km，气缸内异常撞击声响再次出现。试验表明，此异常响声的故障与润滑油品质无直接关联 为确认气缸与活塞配缸间隙是否过大，技术人员拆下气缸盖、气缸体和活塞组件，对活塞裙部与气缸筒的配合尺寸重新进行检测，均在标准值范围以内。气缸筒内上、中、下及 X-Y 方向的尺寸稍大一些。仔细察看活塞裙部未见异常磨损之处，且气缸筒内无明显的摩擦痕迹，也不存在气缸筒椭圆度超差的现象，其实际配缸间隙值在 0.030～0.035mm 之间，基本符合其技术要求，说明异常响声并不是气缸椭圆度超差和活塞尺寸不对以及配缸间隙过小所致 仔细检查气缸体平面时意外发现，该发动机上的气缸套平面低于气缸体上平面，用塞尺片实际测量，相差约有 0.2mm。卸下气缸体组件，放入机油盆内加热，当油温升至 180℃时取出气缸体，用木槌轻轻一敲，缸套便掉下 待机件全部冷却后，测量气缸套外圆、气缸套凸缘厚度，气缸体内径以及气缸套凸缘厚度与气缸体止口的深度尺寸，测量结果：气缸套外径为 52.090mm，气缸套凸缘厚度为 3.85mm，气缸体内径为 52.025mm，气缸体止口深度为 4.00mm。从所检测零件的实际尺寸来看，气缸套外径与气缸体内孔基本符合其过盈配合要求，而气缸套凸缘厚度和气缸体止口深度尺寸与原零件设计尺寸存在差异，明显低了 0.15mm

续表

故障原因	气缸体组件，其铸件上面没有任何生产厂家的代号或标识，说明是伪劣产品。购来正品配件，测量气缸体内径和活塞组件的相关尺寸，并进行缸筒与活塞裙部的配组，依有关技术要求精心装配发动机，同时提醒用户按新车磨合规范重新进行走合。跟踪该车用户使用信息3个月得知，发动机磨合结束后，摩托车曾上路连续行驶30多千米，车辆加速良好，运转声音正常，原气缸热机异常响声消失，故障排除
故障解决	重新更换气缸体

（3）排气冒蓝烟、活塞环故障（表2-3）

表2-3　排气冒蓝烟、活塞环故障

故障现象	排气冒蓝烟
故障诊断	一般情况下，导致发动机冒蓝烟的因素有： ❶ 活塞裙部严重磨损； ❷ 活塞环开口窜到同一方向，第二道气环（即锥面环）方向装反； ❸ 活塞环的弹性下降； ❹ 气门导管油封密封失效； ❺ 气缸磨损严重呈椭圆形状等 基于维修站已更换过活塞和气缸，故先从机油的黏度及油量开始检查。用油标尺检查曲轴箱的油位，基本在规定的上、下限之间。检查机油黏度和质量无异常。排除机油因素后分解发动机，先检查气缸盖组件，拆下气门导管油封，测量油封的唇口尺寸为4.8mm左右，唇口也无异常磨损痕迹，测量气门导管孔的同心度，无异常偏差现象存在，气门杆与其孔的配合间隙也在正常范围以内。但是气门盘顶部有明显油迹，说明故障仍在活塞环组件 拆下气缸体，检查活塞环开口在活塞组件上的实际状态，未见气环开口重叠的现象，第一道活塞环上的镀铬层没有脱落和剥离，第二道活塞环锥面方向也没有装错，但活塞顶上确有油迹存在 拆下活塞环，在活塞组件上单装油环组件，预先在气缸筒内涂少量机油，将其装入气缸筒一直嵌入气缸底部再取出，仔细观察气缸筒内的机油，没有被刮油环组件挂尽，说明该车油环组件在其环槽内弹性明显不足。分解活塞油环组件，认真察看发现，油环片环的径向厚度有异常，取来同一厂家的油环组件细心测量，其片环的高度一致，均为0.48mm，但径向厚度有明显差异：同一厂家的油环片环径向厚度为2.1mm，而故障车上的片环径向厚度只有1.8mm

续表

故障原因	原来是维修人员未注意,将两个厂家的油环衬环与刮片环混装。由于不同厂家的油环衬环与刮片环的相关配合尺寸不同,若被混装,油环的组合张力则无法得到保证,张力过小,不能有效刮油,造成窜机油、冒蓝烟
故障解决	更换同一厂家的油环组件,清理燃烧室积炭,精心复装所卸零件,启动发动机,稍作暖车后上路行驶,排气冒蓝烟现象消失,故障排除

(4)气缸盖异响(表2-4)

表 2-4 气缸盖异响

故障现象	发动机大修后,行驶不到1000km,气缸盖内发出异常敲击声响
故障诊断	拆卸气缸盖部件,检查凸轮轴左、右两端轴颈,发现凸轮轴左端轴颈和升程部分磨损正常,而其右端轴颈和升程部分颜色呈红色,明显是由于润滑不足造成的 应该是润滑油道存在部分堵塞引起的润滑不足。装用244FMI国产发动机,其润滑油路共分为四路。其中,由机油泵泵出的机油分别润滑曲轴左端连杆活塞、曲轴右端连杆活塞和变速器主副轴齿轮组,最后一路由曲轴箱铸件油道专门输送至凸轮轴左右两端,其余零件则由曲轴箱内的运动件做飞溅式润滑。现在是凸轮轴右端面明显存在不正常现象,分解发动机,拆下凸轮轴和气缸盖组件,检查配气机构右端面油道(包括凸轮轴右端衬套定位销油道孔),没有发现任何堵塞现象。继续拆卸,拔出气缸体组件,打开右曲轴箱盖,仔细检查右曲轴箱铸件油道发现,右箱体铸件油槽通往气缸盖右侧的1.5mm油孔被密封胶液堵塞,只有一个细小孔,润滑油流通不畅,造成凸轮轴右端面衬套及轴颈、升程部分严重磨损
故障原因	上次维修时更换气缸、活塞,在气缸体垫片两侧面涂胶液时,不小心将多余密封胶液挤入右曲轴箱的1.5mm油孔,使此处的润滑油流通受阻
故障解决	用直径1.0mm的细钢丝疏通右曲轴箱1.5mm的油孔,铲除多余胶液,更换新气缸体垫片,并在垫片两侧面滚上密封胶液。重新组装发动机,启动发动机,稍作暖机后,路试行驶数十千米,未发现异常现象。交付客户使用并连续跟踪车辆行驶3000多千米,没有发现凸轮轴右端面异常磨损的现象,故障排除

（5）机油消耗异常（表2-5）

表 2-5　机油消耗异常

故障现象	在行驶不到 2000km 的情况下，已经添加润滑油近 3L
故障诊断	如果发动机存在过热现象，则机油就会通过曲轴箱通气管慢慢蒸发掉，因此，机油消耗过大还应该与曲轴箱通气管是否存在机油蒸发情况有关。为此，维修人员找了一块塑料泡沫（俗称海绵），用细麻绳系牢，然后设法挂在离曲轴箱通气软管口 5 ～ 10mm 处（注意不可堵塞通气管口，保证其出气通畅）。在连续行驶 20km 路程后取下检查，未发现塑料泡沫上有明显油迹，曲轴箱机油蒸发现象的假设是不存在的 分解发动机，拆下气缸、活塞及环并详细检查。将活塞环放在气缸最上口（即活塞处于上止点第一道活塞环以上的位置），使用塞尺检查活塞环开口间隙，第一道为 0.25mm，第二道为 0.45mm，都在活塞环标准开口间隙的范围内，且检查活塞环在气缸内没有漏光现象。开口间隙不大，环四周又不漏光。接着，又检查了气缸盖上的气门导管油封，也不见有异常磨损现象。仔细分析机油异常消耗的原因，由内燃机原理分析，活塞环随活塞做上下运动过程中，除了吸气行程环与环槽的上平面接触外，其他三个行程都与环槽的下侧面接触。若活塞环的侧面平面度或环槽下侧面平面度超差时，则燃烧室的气体就会通过活塞环与活塞环槽经常接触的下平面通道泄漏出去。有关资料显示，如果环的下端面与环槽的接触面积由 100% 减少到 90% 的话，则活塞环的漏气量会相应增加约 5 倍，而造成漏气、窜油故障，且由于机油是慢慢渗漏出去的，不会产生明显的排气管冒蓝烟现象。将故障机活塞环拿到台灯底下仔细照看，发现第一、二道活塞环的下侧面明显存在扭曲不平之处
故障原因	活塞环扭曲变形
故障解决	更换上由生产厂家直接寄来的新活塞环，启动发动机，暖车片刻后，上路试车 10 多千米，基本正常。交予用户使用，连续跟踪车辆行驶 2000 多千米，用户只添加润滑油 800mL，故障排除

（6）曲轴箱内有异响（表2-6）

表2-6　曲轴箱内有异响

故障现象	曲轴箱内有异常声响
故障诊断	曲轴箱内有异常声响，多数是齿轮传动或是滚动轴承发出的声音，询问用户在修理过程中的一些情况得知，右曲轴箱损坏不大，没有更换，左曲轴箱体及轴承等零件损坏严重，都是新更换的，其他运动摩擦副零件基本都更换了。按照用户叙述的情况分析，该车可能存在某个零件因检查不到或安装不慎，引发了运动零件异常声响 　　分解发动机，剖析曲轴箱组件，对箱内的运动零件一一进行检查。结果除了主副轴齿轮有少部分轻微磨损外，零件基本都是新更换的，活塞、环和气缸磨损也比较正常 　　找不到故障点，也只有复装曲轴箱了 　　当曲轴组件装上左曲轴箱时，感到曲轴轴承支座上的一个6.2mm 定位孔与左曲轴箱体上的 M6 异形双头螺栓（装在曲轴箱体上的是 M7 螺纹，与曲轴轴承支座连接的是 M6 螺纹）存在明显偏移，强行装上后，曲轴转动有些呆滞感。检查发现，M6 异形双头螺栓与左曲轴箱体明显不垂直，再仔细观察该 M6 异形双头螺栓是新更换的。去五金店购来 M7×1 丝锥，将左曲轴箱上的 M7 螺纹重新攻正，并用螺纹锁固剂涂于 M6 异形双头螺栓下部的 M7 螺纹上箱螺孔内
故障原因	M6 异形双头螺栓与左曲轴箱体明显不垂直
故障解决	将曲轴组件按要求装上曲轴箱，转动曲轴，没有丝毫呆滞感。精心复装所拆零部件，启动发动机，稍作暖车后上路试车 10 多千米，曲轴箱内的运转声音基本正常，故障排除

（7）双缸摩托车右曲轴箱盖内有异常声响（表2-7）

表2-7　双缸摩托车右曲轴箱盖内有异常声响

故障现象	右曲轴箱盖内有异常声响
故障诊断	右曲轴箱盖内异常声响与曲轴右端的高速齿轮和离合器传动齿轮，或是曲轴右端的机油泵传动齿轮和机油泵齿轮是否正常啮合有关 　　先拆下曲轴右端的高速齿轮和机油泵传动齿轮，检查其齿轮啮合的印迹，未发现有啮合不均匀等异常情况，离合器主动毂大齿轮的啮合痕迹也比较均匀，说明此处不是右曲轴箱盖异常声响的根源

故障诊断	使用手电筒对准机油泵蜗杆齿照看发现，其啮合印迹存在异常。再检查与机油泵蜗杆齿测速齿轮啮合的右曲轴箱箱盖测速齿轮齿发现，其啮合印迹极不均匀，用手拨动测速齿轮，其轴向间隙约有 2mm，明显偏大，且测速齿轮上端的油封机油较多，说明故障点可能在此处。使用专用工具夹住测速 IE-U 轮，用木槌轻敲右曲轴箱盖，拆卸油封和测速齿轮，发现测速齿轮与油封间的垫圈未装
故障原因	由于该垫圈未装，一方面它会使测速齿轮的轴向间隙超大；另一方面测速齿轮在与机油泵蜗轮啮合旋转的同时，做较大的上、下运动，使测速齿轮轴颈端直接与油封唇口下边缘接触（此垫圈装在测速齿轮与油封间，主要是为了保护油封唇口下边缘避免直接接触而磨损），造成此处磨损增大。不但引发测速齿轮与机油泵蜗轮的啮合异声，还使油封唇口损坏，导致曲轴箱内的机油从此处渗出。
故障解决	更换新测速齿轮和油封，并在其间补装上垫圈。重新组装发动机，启动发动机，稍作暖车后上路行驶十多千米，右曲轴箱盖内无异常声响发出，故障排除

（8）单缸摩托车发动机曲轴箱通气管有白色烟雾冒出（表2-8）

表 2-8　单缸摩托车发动机曲轴箱通气管有白色烟雾冒出

故障现象	曲轴箱通气管有白色烟雾冒出
故障诊断	根据故障现象，维修人员先检查曲轴箱内润滑油的使用情况，感觉机油黏度较差，询问用户机油的使用情况，他是寻找朋友代买的，不知道是什么机油。放去曲轴箱内的所有机油，加入 SAE-15W/40 摩托车专用机油。启动摩托车，仔细倾听其发动机声音，感觉声音有变化，但气缸内仍有敲击声发出 检查发动机配气正时，将曲轴转至压缩冲程终了时的位置，检查磁电机飞轮上的"TL"和对准左曲轴箱盖上的指示孔标记，以及正时链轮上的两边刻线相对于气缸盖上平面，全部准确无误 检查进、排气门间隙，进、排气门间隙稍大，分别为 0.08mm 和 0.11mm，重新调整气门间隙至 0.05mm，再次启动摩托车，气门间隙声音基本正常，但气缸声音仍未消除

故障原因	原来该发动机气缸与活塞之间的间隙过大，发动机启动后的运转初期，由于活塞还未完全膨胀，冷机时漏气严重，活塞裙部与气缸接触面积小，导致撞击声音，曲轴箱通气管有白色烟雾冒出
故障解决	分解发动机，拆下气缸、活塞检查并计算其配合间隙达到0.05mm。更换同型号气缸活塞，使气缸与活塞裙部之间的间隙为0.02mm 重新组装发动机，启动摩托车，气缸内的声音恢复正常，故障排除

（9）发动机下方漏油（表2-9）

表 2-9　发动机下方漏油

故障现象	更换了左曲轴箱油封和超越离合器油封，但行驶不到300千米，用户又来维修站反映该车左曲轴箱盖下方仍然存在漏油现象
故障诊断	拆下左曲轴箱盖，使用专用工具拆下磁电机飞轮，检查启动大链轮小油封和左曲轴箱大油封主唇口，并未发现异常磨损痕迹，油封主唇口内侧弹簧也无脱落现象。但该车启动大链轮回油槽隔腔与小油封之间的留存机油较多，拆下小油封仔细检查发现，启动大链轮铜衬套外圆上的三个回油槽有细微物质堵塞其间。使用细小通针设法去除细微堵塞物，用高压气体吹冲，使回油槽恢复通畅。因此怀疑机油泵滤网可能有缺损现象，卸下右曲轴箱盖检查机油泵，果然如此 更换机油泵滤网，复装机油泵，将新的小油封压装于启动大链轮油封孔内，安装发动机，启动发动机，试车数千米，未见左曲轴箱盖下方漏油现象重现，故障排除
故障原因	机油泵滤网有缺损
故障解决	更换机油泵滤网

（10）行驶时突然熄火，再启动时踏不动启动杆（表2-10）

表 2-10　行驶时突然熄火，再启动时踏不动启动杆

故障现象	行驶时突然熄火，再启动时踏不动启动杆

续表

故障诊断	先拆下左箱盖检查电机，得知其转子并没有被卡住，又拆下右箱盖检查发动机构和离合器，也没有咬死现象，变速齿轮也没有折断卡住现象 拆下气缸检查，发现气缸有拉痕，活塞亦被打碎，碎片落入曲轴箱将曲轴卡住 检查曲轴箱内机油，发现少而脏，可以判定是因气缸内缺乏润滑，活塞胀缸，在强行启动时，将活塞打碎而引起故障 排除此故障的方法是：分解曲轴箱、修理连杆、镗缸并更换活塞组，更换机油并加至上刻线，故障即可排除。
故障原因	电机转子被卡住，离合器齿轮与曲轴齿轮咬死，行驶中变速齿轮折断卡住，活塞咬缸，有杂物卡住曲轴
故障解决	修理连杆、镗缸并更换活塞组

（11）活塞环常见故障（表2-11）

表2-11 活塞环常见故障

故障现象	活塞环常见故障
故障原因	开口间隙明显变大。活塞环在气缸中的开口间隙通常为0.05～0.35mm。对于小缸径的摩托车发动机，如开口间隙达1.2mm，该活塞环就应更换；对于较大缸径的发动机，开口间隙最大不应超过2mm。开口间隙变大是由于活塞环与缸套的磨损引起的，活塞环开口间隙变大将使气缸密封不良而漏气 活塞环弹力下降与气缸壁贴合不良。活塞环弹力下降后，其外圆表面出现发暗的弧段，气缸的密封性能变差 活塞环折断、黏结。活塞环槽积炭，开口间隙过小，侧隙过大，都可能导致活塞环折断。由此引起气缸漏气，压缩性降低，启动困难，功率下降，对四冲程发动机还表现为机油消耗量增加和排气管冒烟
故障解决	更换活塞环

（12）发动机高速运转时活塞环与气缸有碰撞声（表2-12）

表 2-12　发动机高速运转时活塞环与气缸有碰撞声

故障现象	发动机高速运转时活塞环与气缸有碰撞声
故障诊断	发动机在高速运转时气缸盖部位出现连续不断而又清脆的"嗒嗒嗒"的金属敲击声，声音坚实有力，且气缸盖有振动
故障原因	❶ 曲轴轴承、边杆轴承及活塞销孔磨损，松动厉害，在活塞上下运动的瞬间，活塞环碰撞气缸盖 ❷ 由于活塞加工质量不符合要求，使活塞到达上止点时因头部超高而碰撞气缸盖
故障解决	发现活塞顶碰撞气缸盖的异响时，卸下气缸盖，检查碰撞情况，如果是在途中发生的故障，可采取加一个气缸衬垫的应急措施，使气缸盖升高而不致被撞，待驶回目的地后再进行修理或更换

（13）活塞与气门有碰撞声（表2-13）

表 2-13　活塞与气门有碰撞声

故障现象	活塞与气门有碰撞声
故障诊断	对于顶置式气门发动机，在气缸上部和气缸盖处可以听到有节奏、有间隔的"嗒嗒嗒"的金属撞击声，发动机转速高时，声响更加严重 先要判断是哪个气门被撞，其方法是：卸下气门盖，用起子与摇臂轴接触，或用手捏住摇臂轴，踩动启动杆，若摇臂轴有明显振动或感到摇臂碰手，可判断是气门被碰。这时应重新调整气门间隙至规定值，并将螺母拧紧
故障原因	摇臂上调整螺栓的螺母未拧紧，受振动后螺栓松动，致使气门间隙变小而顶住气门杆，以致在排气时活塞到达上止点时，碰撞气门头部
故障解决	重新调整气门间隙至规定值

（14）活塞部位有异常声响（表2-14）

表 2-14　活塞部位有异常声响

故障现象	活塞部位有异常声响
故障诊断	（1）活塞环的金属敲击声响 在气缸上部和气缸盖处有较大的金属敲击声响，或发出一种钝哑的"噗噗噗"撞击声。随着转速的升高，响声也随之增大 （2）活塞环的漏气声响 漏气声响为一种空洞的声音，严重时，有较明显的"啪啪"声 （3）积炭过多的异常声响 发动机发出尖锐的"喋喋"声，有时还易熄火
故障原因	（1）活塞环的金属敲击声响 ❶ 活塞环折断，或活塞环与环槽间隙过大时，就会引起较大的敲击声 ❷ 气缸上部磨损，而气缸上活塞环接触不到之处几乎没有磨损，于是气缸形成了台阶。此时如果修理不当，就会使活塞与气缸台阶碰撞，发出钝哑的金属碰击声 （2）活塞环的漏气声响 造成活塞环漏气的原因有活塞环弹力减弱，使活塞环与气缸壁密封不良、开口间隙过大或开口重叠、气缸壁有沟槽等 （3）积炭过多的异常声响 主要是由于活塞环与气缸壁密封不严、活塞环开口间隙过大或重叠，活塞环装反等原因，使润滑油窜入燃烧室而引起积炭过多
故障解决	（1）活塞环的金属敲击声响的检修 卸下气缸、活塞环，检查活塞环与环槽配合间隙是否超过使用极限，更换磨损超过极限及折断的活塞环 （2）活塞环的漏气声响的检修 向气缸内加入少量润滑油，若声响降低或消失，但不久声响又出现，说明活塞环漏气。更换弹力减弱、开口间隙大的活塞环，用油石仔细打磨气缸壁沟槽（严重时应更换新件），并重新装复 （3）积炭过多的清除 用折断的活塞环将断面磨平，保持锐边，刮去活塞环槽内的积炭并清洗干净

（15）活塞销有敲击声（表2-15）

表 2-15　活塞销有敲击声

故障现象	活塞销有敲击声
故障诊断	发动机工作时，发出的一种非常尖锐、清脆、音调甚高而且明显的"嗒嗒"金属敲击声，好像用手锤敲打铁块的声音。这是活塞销与销孔，或是活塞销与连杆小头衬套碰击发出的异响 　　发动机冷启动时不响，温度升高后则响，转速越高越响，温度越高越响 　　点火提前，声响加快 　　用起子在火花塞上断火，响声减弱或消失，起子离开后复火的一瞬间，会出现明显的一声"嗒"，或连续两声"嗒嗒" 　　活塞销与销孔、活塞销与连杆小头衬套同时相碰时，声响比较复杂，呈现连续不清的"嗒嗒嗒"的异响
故障原因	活塞销孔和连杆小头衬套内孔与活塞销配合的部位严重磨损，同时这三者的材料不同，因而在高温下膨胀变化不一样，使配合间隙增大而松动，引起相互间的碰击。由于间隙增大，造成活塞销轴向窜动，使活塞销两端面与锁环相撞击
故障解决	检查时可先将发动机调整在怠速状态，稍稍增大点火提前角并急速加大油门，此时如果明显听到敲击声，应立即分解发动机，检查活塞销与活塞销孔及连杆小头衬套的配合间隙，以确定采取修复还是更换

（16）连杆大头轴承有敲击声（表2-16）

表 2-16　连杆大头轴承有敲击声

故障现象	连杆大头轴承有敲击声
故障诊断	❶ 在曲轴箱附近听，是一种清脆、音量较大的"当、当"声；但离发动机一定距离听，则为短促而坚定的"嗒嗒"声 ❷ 怠速突然加速到中速时，有清晰、短促而连续的金属敲击声 ❸ 严重时可听到"哗啦、哗啦"的声响，好像发动机内部散了架一样

故障原因	主要由于连杆大头轴承与曲柄销间隙增大,当活塞到达上止点或下止点时,曲柄销与轴承相撞而发出金属敲击声响 连杆大头轴承滚柱严重磨损
故障解决	❶ 连杆大头轴承敲击声随发动机转速的升高而增大,随负荷的增大而增强;猛提速或骤增负荷时,响声最易察觉,温度改变时,响声无变化。根据这一特征,通过改变转速和负荷来判断 ❷ 卸下缸体,上下推拉连杆或左右摆动连杆,感觉有轴向间隙,在连杆小头处测量,其摆动量如超过1.5mm,则应更换新的零件,否则可考虑进行修复 ❸ 在曲轴箱底部发现有大量的铝屑和铁屑,可初步判断为轴承严重磨损。此时,用推拉的方法无法检查出轴承磨损的间隙,应分解曲轴才能检查

（17）曲轴箱左右挡圈损坏（表2-17）

表2-17　曲轴箱左右挡圈损坏

故障现象	摩托车发动机曲轴箱左右两侧的挡油圈起着密封作用。当曲轴箱挡油圈工作不正常时,就会产生窜气、漏油故障,如不及时进行修理,定要影响车辆的使用寿命
故障诊断	（1）曲轴箱左侧挡油圈密封失效 当曲轴箱在工作过程中产生真空后,曲轴箱左半部的机油便会窜入曲轴箱内,引起曲轴箱内可燃混合气比例失调,即机油过多。由于机油不易挥发,燃点高,机油多了就会使燃烧不完全,易使燃烧室、活塞、活塞环槽产生积炭;同时,一部分未燃烧完全的机油从排气口排出,进入消声器,大量的油污被吸附在消声器管道上,造成排气不畅,从而使发动机动力下降 由于曲轴箱左半部的润滑油窜入曲轴箱内,导致油平面下降,使变速箱的润滑处于不足状态。置于变速箱机油中的离合器为多片油溶式,各片之间因摩擦所产生的热量,是通过机油来消除的,当润滑不足以消除摩擦热量时,便会使离合器片的软木烧毁。离合器一旦失效,发动机的动力便无法传递给变速主轴,摩托车也就无法行驶

故障诊断	（2）曲轴箱右侧挡油圈密封失效 　　当发动机在工作过程中产生真空时，一小部分空气从曲轴箱右部油封中吸入曲轴箱内，冲淡了发动机的可燃混合气，从而影响发动机的功率 　　当曲轴箱内的气体被压缩时，一部分可燃气体便从油封中逸出 　　当其附着在发电机转子和定子上时，车辆在行驶过程中发电机转子和定子会吸附上尘埃 　　总之，挡油圈被磨损后，会使曲轴箱压缩比和真空度减小，不但影响发动机的功率，还会使燃料超过正常消耗
故障原因	挡油圈老化、磨损
故障解决	更换损坏的零部件

（18）曲柄轴磨损（表2-18）

表 2-18　曲柄轴磨损

故障现象	曲柄轴磨损
故障诊断	曲柄轴与滚动轴承的配合是十分紧密的。合格产品中，曲柄轴与轴承内圈配合间隙为 ±0.003mm，但使用久了，曲柄轴会磨损，直径变小，轴承松动，致使曲柄轴与轴承内圈产生相对运动，这两个零件的摩擦系数较大，一旦产生相对滑动，相互磨损急剧增加，曲柄轴便出现径向跳动和轴向移动，直接影响车辆运转性能，严重时打不着火
故障原因	首先积炭是一个因素，高硬度的积炭颗粒落到轴承滚道中增加了阻力，尤其是在高速运转的情况下滚动阻力是比较大的 　　发电机转子与定子位置难免有偏差，转子磁场与定子感应电流产生的磁力线偏移会产生一个轴向力，使曲柄轴存在移动趋向 　　曲柄轴在热状态下工作产生伸缩力，在轴承外圈配合过紧时作用力更大 　　车辆在行驶过程中，曲柄轴受到剧烈的震动力 　　车辆的载荷作用力等

续表

故障解决	❶ 当曲柄轴发生松动后，若径向跳动不大，不影响打火启动，轴承滚动磨损也不很严重，这时可在轴承与挡圈之间加上厚度适当的垫片，消除轴向间隙，使其不再有轴向移动，磨损便可减缓。这种处理后，车辆尚可行驶一段时间 ❷ 倘若曲柄轴松动严重到必须拆除处理，但又没有条件采用镀铬修磨时，则在曲柄轴与轴承配合部位圆周上，用电焊迅速、均匀地焊上三四个金属点，由于是迅速、均匀地焊几点，曲柄轴精度不受影响，但注意不要连续施焊，以免曲柄轴受热变形不能使用。焊后用细锉刀锉至约大于轴承内圆直径 0.01mm，再将一个合适尺寸的曲轴压于曲柄轴，复拉出，即得到合适的轴颈尺寸。安装曲轴的轴承前，还要精确测量装配尺寸，需要时还应在曲柄背与轴承之间加厚度合适的垫片，以消除轴向间隙，经这种处理，曲柄轴便不会再有松动及轴向移动

（19）发动机曲轴左右晃动（表2-19）

表 2-19 发动机曲轴左右晃动

故障现象	发动机曲轴左右晃动
故障诊断	当曲柄轴和轴承内孔配合紧度不够时，应更换新零件，无条件时，可采用镀铬法修复使用，即将曲柄轴拆下镀铬，以加大轴径尺寸，或是将轴承内环镀铬，以缩小孔径尺寸，然后进行磨修，使轴与孔配合适当
故障原因	❶ 曲柄连杆的组装质量不好，曲轴装配不同心，因而产生轴向跳动 ❷ 曲轴被磨损，使曲柄轴和轴承内孔配合不紧而产生轴向跳动 ❸ 发动机运转不正常，也会造成曲轴左右晃动
故障解决	装配曲柄连杆时，应进行严格选组，并应在压力机上用专用工具进行组装，组装后左右曲柄的轴向跳动量不应超过 0.08mm

（20）发动机曲轴箱故障（表2-20）

表 2-20 发动机曲轴箱故障

故障现象	行驶中排气管排放大量黑烟，车辆启动困难，行驶无力

续表

故障诊断	调整油泵和气化器后仍不能排除故障，可能是机油大量进入曲轴箱引起的发动机曲轴箱结合处密封垫损坏，曲轴箱油封失效，旋转圆盘密封胶带损坏，右箱壳油孔密封胶圈漏油等，都会使变速箱中机油从密封不严的缝隙流入曲轴箱，可燃混合气中的机油比例显著增加，混合燃烧不完全，一方面引起动力性能差；另一方面大量未燃烧掉的机油随废气排出，机油消耗量剧增
故障原因	安装密封胶圈时有偏移，经过一段时间后，在热力、吸力的振动作用下，机油便从此处进入曲轴箱。因此，只需将密封胶圈完全装入槽内故障即可排除。若损坏，需更换
故障解决	拆下曲轴箱壳检查机油孔密封胶圈，若未破损，再拆下旋转圆盘阀盖，发现盖上的密封圈不全在槽内

（21）发动机大修后出现飞车（表2-21）

表 2-21　发动机大修后出现飞车

故障现象	发动机转速失去了油门的控制，急剧上升而达到很高转速
故障诊断	大修后只行驶了500多千米，突然出现飞车，即使电门关闭，仍不熄火。更换气化器后还是出现飞车 ❶ 发动机转速的高低，是由化油器内节气门的开度大小来控制的，如果节气门提起后不能自行下落到底，便会引起飞车 造成节气门上下滑动不畅的原因有： a.节气门变形或裙部有凹凸伤痕； b.主喷油针弯曲变形，与主喷管之间产生阻力，使节气门不能下落到底； c.油门操纵钢索使用过久，其某一单股内线折断并散脱原线束，阻碍了原线束的往复滑动，当阻力大于气化器节气门弹簧的弹力时，便会使节气门提起后难以自行下落 因此，在检修气化器时，若节气门磨损变形或有凹凸伤痕、主喷油针弯曲变形、油门操纵钢索破损等，都应该更换 ❷ 气缸与气化器的连接部位，因连接螺母未固定紧或加垫，连接件损坏而漏气。热车时，即使节气门没有开度或开度很小，空气也会从漏气部位进入气缸，与残留的燃油混合。这时，由于燃烧室温度过高，即使关掉电门，不待火花塞点燃，受压缩的混合气仍可引燃，使发动机运转，从而出现飞车现象

续表

故障诊断	检修漏气，可通过检查气化器连接法兰是否翘曲，或依据此处的漏气痕迹来判别，如果漏气，则检查气化器连接螺母是否拧紧，检查连接件及衬垫有无损坏现象，若有，应排除故障或更换新件
故障原因	飞车故障，一般是由于化油器节气门上下滑动不畅，或气缸和化油器连接部位漏气等原因引起的
故障解决	修复或更换故障零部件

（22）发动机大修后出现严重敲击声（表2-22）

表 2-22　发动机大修后出现严重敲击声

故障现象	发动机大修后出现严重敲击声
故障诊断	发动机大修更换了气缸、活塞组、摇臂、摇臂座、凸轮、推杆，但行驶不久，便出现严重敲击声，调整气门间隙也无效 　　为了确定声源，打开气门室盖、左箱盖、用手转动电机转子，发现无论顺转或逆转、快转或慢转，进排气门弹簧均轮流突跳，发出响声。卸下气门弹簧进行检查，发现内外弹簧均无卡滞之处，但发现推杆同孔壁因摩擦而产生凹陷痕迹，经打磨后装好，响声仍未消除 　　进一步检查时，卸去气门弹簧，转动曲轴时无响声发出，因此推断声音是因弹簧作用于配气机构而产生的 　　拆下气缸检查凸轮，发现凸轮与时规齿轮连接处有微小松动 　　凸轮与时规齿轮是通过圆柱销连接的。由于磨损，圆柱销与销孔之间便会产生间隙而松动。气门弹簧产生的弹力，通过上摇臂、气门推杆、下摇臂作用于凸轮上，使凸轮产生逆时针转动的趋势，当凸轮随齿轮转过一个角度后，作用力方向改变，使凸轮产生顺时针转动的趋势，正是由于这个力的方向周期性地改变，使圆柱销与销孔两侧碰击而发出声响
故障原因	进排气门弹簧突跳，发出响声 　　正时齿轮连接圆柱销与销孔之间产生间隙而松动，圆柱销碰击销孔两侧而产生异响
故障解决	将圆柱销孔扩大，重新配置新销，或者将凸轮台阶外圆周围电焊上几个极薄的焊点并磨平，使凸轮与时规齿轮通过焊点固连在一起

（23）摩托车行驶无力并且很快熄火（表2-23）

表2-23　摩托车行驶无力并且很快熄火

故障现象	启动后，行驶无力，并且很快熄火，熄火后要过一段时间才能重新启动，而且排气管冒浓烟
故障诊断	拆下火花塞电极看是否湿润。若很湿润，再根据排气管冒浓烟现象，判断可能是因左曲轴箱油封失效所致。因为当活塞向上运动时，曲轴箱容积增大，产生负压。若左曲轴箱油封失效，则离合器处的机油被吸入曲轴箱，经扫气孔进入气缸，最后从排气管排出而造成该故障。因此，应拆下左曲轴箱油封进行检查，若油封损坏，应及时维修或更换新件
故障原因	气缸及活塞严重磨损，气缸、曲轴箱、化油器连接处因密封不良而漏气，造成气缸内压力不足
故障解决	修复或更换故障零部件

（24）镗缸后发动机过热并伴有响声（表2-24）

表2-24　镗缸后发动机过热并伴有响声

故障现象	维修后行驶不到1km，发动机温度非常高，行驶中断续发出无规律的响声，有时还会熄火
故障诊断	车辆发动机气缸经镗缸并配上加大活塞及活塞环后，行驶不到1km，发动机温度便非常高，行驶中断续发出无规律的响声，有时还会熄火，但立即电启动，又能启动，除怠速或一挡外，其他挡位均有此现象 ❶ 镗缸并配上加大活塞后，没有按磨合期要求进行低速低负荷行驶，因此以正常或极限车速行驶时，润滑相对不足，容易过热而咬缸，发动机镗缸大修后，要按照新车磨合期的规范（车速、负荷、里程）进行磨合行走，以消除气缸、活塞、活塞环配合面高低不平的部分，形成良好的工作面，使发动机达到良好的工作状态，延长工作寿命 ❷ 镗缸粗糙度过大，活塞与气缸配合间隙过小，活塞环间隙过小，容易产生咬缸。检修时，可卸下气缸，检查气缸与活塞、活塞环磨合情况，以及配合间隙和活塞环开口间隙，活塞有损伤痕迹的，是因活塞膨胀出现咬缸；缸壁有刮痕而活塞无伤痕或很少，多是因环口间隙过小而咬缸。根据不同现象进行修磨或更换，使活塞与气缸配合间隙为0～0.02mm，而环口初装间隙不小于0.05mm

续表

故障诊断	❸ 润滑油不充足，容易咬缸，在相同的润滑条件下，新配件容易出现咬缸。造成润滑油不足的原因有：机油滤清器或油道堵塞，机油老化变质，机油泵工作不良等。因而在检修时，应检查润滑油油量是否足够，油道是否畅通。检查变速器中的润滑油，若使用过久，出现色泽变黑，在光照下可见金属微屑，黏性下降，此时应更换四冲程发动机专用润滑油 ❹ 未按要求进行时效处理的活塞，其热膨胀量大，这样的活塞，用正常间隙进行装配，在低速时，由于发动机温度较低，活塞膨胀量小，不至于发生咬缸，而在高速重负荷使用时就会出现咬缸。检修时只能更换合格的活塞
故障原因	❶ 镗缸并配上加大活塞后，没有按磨合期要求进行低速、低负荷行驶 ❷ 镗缸粗糙度过大，活塞与气缸配合间隙过小，活塞环间隙过小，容易产生咬缸 ❸ 润滑油不充足 ❹ 未按要求进行时效处理的活塞 操作视频
故障解决	修复或更换故障零部件

2.4 配气机构

2.4.1 配气机构工作原理

发动机的配气机构是保证发动机正常工作时，按一定规律使新鲜混合气进入气缸，并将燃烧后的废气排出。在四冲程发动机中，上述功能是通过适时打开和关闭进、排气门来实现的，因此需要设置配气机构来完成这些工作过程。采用气孔式换气的二冲程发动机，则是利用活塞的运动来打开或关闭气缸上的气孔，以完成上述功能，因此也就没有专门的配气机构（图2-4）。

对配气机构的要求是：进入气缸的混合气量尽可能多，气缸内的废气尽可能排干净，这两者又是相互影响的。因前一循环的废气如果排不干净，则后一循环的进气就受到明显影响。此外，由于配气机构也做高速往复运动，气门在开闭时，不断冲击气门座，所以应尽量减少产生的气门振动和冲击噪声，提高配气机构的可靠性，延长使用寿命。

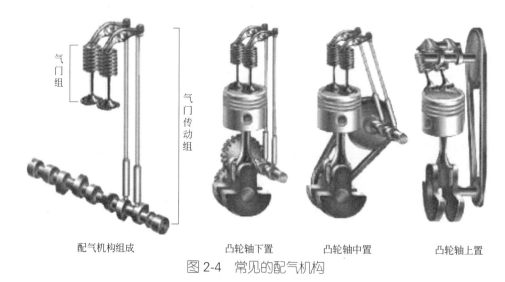

配气机构组成　　　　　凸轮轴下置　　　凸轮轴中置　　　　凸轮轴上置

图 2-4　常见的配气机构

2.4.2　配气机构各零部件的结构原理

(1) 气门组 (图2-5)

气门组件有进气门、排气门、气门导管、气门弹簧、弹簧座、锁紧装置等。

气门有进气门、排气门之分，其作用是开启和关闭进、排气孔。进气门开启，可让新鲜燃气进入气缸；排气门开启，可使废气排出气缸。一般进气门头部直径比排气门大，以减少进气阻力，可提高发动机功率。

一般中、小排量的发动机，每缸有两个气门，即一个进气门，一个排气门。有些高速发动机，为了提高进、排气效率，每缸采用三个气门，即两个进气门，一个排气门。还有的中排量发动机每缸采用四个气门，两个进气门，两个排气门，如本田 VF40OF 型摩托车。

在顶置气门配气机构中，进、排气门都要安装在气缸盖上，其头部朝下，气门杆穿过气门导管安装在气缸盖上，其上端装有气门弹簧座和锁紧夹，在气门弹簧作用下紧压在气缸盖上的进、排气门座圈上。

气门可分为头部和杆部。气门杆部装在气门导管的孔中，杆端部的环槽用于安装气门弹簧座的气门锁夹。为了运动导向，杆部的精度和表面粗糙度的要求都很高，气门杆与气门导管的配合很精密。气门的头部起阀门作用，呈圆锥形，头部的圆锥面与进、排气孔座圈的密封面相配合，其圆锥面的锥角称为气门锥角，通常为 45°。在装配时，需将气门与气门座的配合圆锥面相互研磨，达到完全密封。成对研磨后不能错装，以保证气门的气密性。

图 2-5 气门组

（2）气门座

气门座是与气门头部配合的座圈，即在气缸盖气道口上镶嵌合金铸铁的座圈，称为气门座圈。

操作视频

（3）气门弹簧、弹簧座、气门锁夹

气门弹簧在安装预压紧力的作用下使气门紧压在气门座上，以保证气密性。气门弹簧一般为等节距圆柱螺旋弹簧，也有采用变螺距圆柱螺旋弹簧的，以防共振。在安装变螺距弹簧时，密端应朝气缸盖平面。现代摩托车发动机一个气门采用两个同心的内、外弹簧。内、外弹簧的旋转方向相反，以增大弹簧力，提高弹簧工作的可靠性和防止共振。

弹簧座与气门锁夹是用来安装定位气门弹簧的，使气门弹簧安装时具有一定的预紧力。

弹簧座为圆盘座，气门锁夹为两个半圆的锥形锁片。在安装时，将气门杆穿入弹簧与弹簧座后，再用专用工具将气门弹簧压缩，才可将气门锁夹装于气门杆上的环槽内。待放松专用工具后，在弹簧力作用下，气门锁夹的外圆锥面被紧紧地压在弹簧座锥形内孔中，其内孔中凸起环正好牢牢地卡装在气门杆上环槽内，将弹簧座紧锁在气门杆端。

（4）气门传动组

气门传动组的作用是把曲轴的旋转运动传递到凸轮轴，将凸轮的运动又传给气门，这样就可以按气缸的配气要求控制进、排气门的开启与关闭。

齿轮传动方式的气门传动组主要由气门摇臂、摇臂轴、凸轮轴、凸轮轴正时齿轮和曲轴正时齿轮等组成。

链传动方式的气门传动组主要由气门摇臂、摇臂轴、凸轮轴、凸轮轴正时链轮、链条、曲轴正时链轮等组成。

① 气门摇臂。气门摇臂的作用是将凸轮或推杆的作用力改变方向传给气门杆端以推动气门，摇臂实为一双摇臂杠杆，其一端与凸轮或推杆接触，另一端则通过调整螺钉与气门杆尾端面接触。摇臂的中心孔内装有铜套，用摇臂轴套装在气缸盖上，可绕摇臂轴转动。

② 摇臂轴。摇臂轴安装在气缸盖上的摇臂轴孔内，用以支撑气门摇臂，轴中心油道通机油可润滑气门摇臂等零件。

③ 凸轮轴。凸轮轴上的凸轮，其作用是使气门按照一定时间规律开启和关闭。

轴上设有进气凸轮、排气凸轮、轴颈等部分，轴的前端装有正时链轮或正时齿轮，轴颈支承在装有轴承（套）的气缸盖上。轴的中心开有油道，润滑油经此油道润滑轴颈。

凸轮轴上的进、排气凸轮分别控制进、排气门的开启时间和升程，其行程即升程大小和在轴上的相对角度位置是按配气要求设计的，它的制造误差和磨损都将影响发动机配气正时。

对于单顶置凸轮轴的配气机构（SOHC），所有的进、排气凸轮布置在一根凸轮轴上。而对于双顶置凸轮轴的配气机构（DOHC），进气凸轮、排气凸轮则分别布置在两根凸轮轴上。对于凸轮轴下的单缸发动机，在凸轮轴上只有一个凸轮，其进、排气门都共用同一凸轮来驱动。

④ 凸轮轴的传动机构。凸轮轴的传动一般有齿轮传动和链传动两种方式。

a. 齿轮传动机构。下置凸轮轴配气机构（OHV）常用齿轮传动机构。这是由于凸轮轴较近，可以较方便地采用齿轮直接来传动凸轮轴。

b. 链传动机构。对于顶置凸轮轴（OHEC），由于曲轴较远，一般采用链传动。链传动机构主要由正时链轮、链条、张紧器等组成。曲轴和凸轮轴上分别装有主、从动正时链轮，链轮间用正时链条传动。曲轴的旋转就通过链轮、链条传至凸轮轴。这样，曲轴不仅通过连杆带动活塞上下移动，同时又通过凸轮轴上的凸轮来控制进、排气门。因此，实现了进、排气门的开启、关闭，与缸内工作循环准确配合，所以又称为配气正时。为此，在曲轴和凸轮轴上的正时链轮上都刻有正时安装记号，在安装时必须对正安装记号，再安装链轮、链条。

链条有一定的张紧力，才能使其在工作时不至于因振动脱链，而影响配气正时，通常装链条张紧器，以张紧正时链条的紧度。

链条张紧器分多滚轮式链条张紧器和导轨式链条张紧器，结构比较简单，这里不予多述。

⑤ 气门间隙。气门间隙是指发动机在冷机时，气门同时处于完全关闭状态下即活塞处于压缩上止点时，气门杆端面与气门摇臂端调整螺钉端面或凸轮面之间预留有一定的间隙。以避免在发动机工作时，气门与传动零件由于受热膨胀伸长，而自动顶开气门，引起漏气。预留气门间隙的大小与气门传动机构零件结构有关，各机型都有规定值。若气门间隙过大，不仅会影响配气时间，还会产生较大的气门敲击噪声，气门间隙也不能过小，否则气门会因受热伸长而顶开漏气。气门间隙须经常检查、调整。

2.4.3 常见故障及原因分析

（1）气门锁片导致发动机异响（表2-25）

表2-25 气门锁片导致发动机异响

故障现象	发动机运行时有异响
故障诊断	发动机之前有大修的记录 故障的起因可能是发动机的右侧油路出现堵塞造成的。旋开右曲轴箱盖上的油标尺，使用手电筒检查曲轴右端油道是否装有柔性连接体（回位弹簧及阀体），结果正常。打开右曲轴箱盖，仔细观察右曲轴箱上侧的铸件油道孔，未见异常，右曲轴箱盖内的机油通道也畅通，说明此处机油通道无堵塞。在冷车状态下，打开气缸盖罩，发动机启动后，注意观察凸轮轴及衬套间润滑油的来油情况：凸轮轴左、右轴端均有较多的机油涌出，不存在油道堵塞的可能 技师在观察气缸盖左右缸进、排气门时意外地发现，右缸进、排气门上的弹簧盘平面，均低于左缸进、排气门上的弹簧盘平面约3mm，再打开同型款CL125-2气缸盖罩，确认与其他正常使用的车辆的进、排气门上的弹簧盘平面高度存在明显差异 分解气缸盖，使用专用工具取出左、右缸进、排气门气门锁片，将左右气门锁片对比，右缸进、排气门上的气门锁片锥形大端面至突出的 R_1（此处与气门杆 $R_1 \times 2mm$ 锁片槽配合）圆弧中心尺寸为1mm，而左缸进、排气门上的气门锁片锥形大端面至突出的 R_1 实测尺寸为4mm

续表

故障诊断	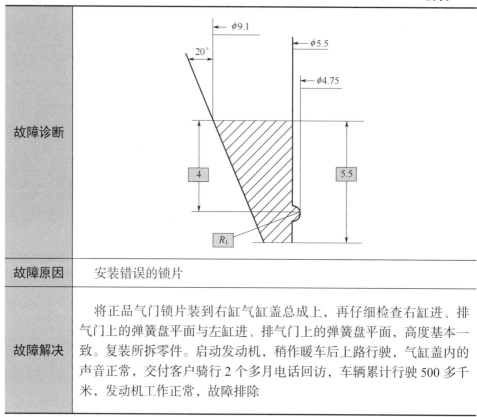
故障原因	安装错误的锁片
故障解决	将正品气门锁片装到右缸气缸盖总成上，再仔细检查右缸进、排气门上的弹簧盘平面与左缸进、排气门上的弹簧盘平面，高度基本一致。复装所拆零件。启动发动机，稍作暖车后上路行驶，气缸盖内的声音正常，交付客户骑行 2 个多月电话回访，车辆累计行驶 500 多千米，发动机工作正常，故障排除

（2）缸盖内发出"哒哒"异响（表2-26）

表 2-26　缸盖内发出"哒哒"异响

故障现象	启动发动机，稍作暖车后，缓慢加大油门，可听见气缸盖罩内发出"哒哒"声响
故障诊断	在发动机冷却状态下拆下气缸盖罩，旋转曲轴，使气缸盖组件上的凸轮轴正时链轮刻线平行于气缸盖平面，凸轮轴的基圆朝上，在气缸压缩冲程终了时的位置下，装上气缸盖罩 　　将进、排气门摇臂组件充分向外侧移动触及至凸轮轴基圆，在此位置下，使进、排气摇臂轴组件向内侧移动标尺的一格，拧紧其正时紧固螺钉。启动发动机，气缸盖内的"哒哒"声响没有了，但仍然有其他异响存在，仔细听有"咯啦咯啦"声响，且声音是从气缸中部处发出的

续表

故障诊断	分解发动机，仔细检测气缸筒与活塞裙部的配合间隙，为0.03mm 左右，活塞裙部没有异常摩擦、磨损的痕迹。活塞顶部也没有受到撞击的印迹。排除了气缸与活塞处的故障隐患 再次打开气缸盖罩，使用电启动按钮，使启动电机带动曲轴运转，同时也带动凸轮轴低速运转。仔细听凸轮轴处的运转声音，发现有不正常的"咯咯"声音存在。拆下凸轮轴组件，用手轻轻转动上面的轴承，确认有"咯咯"的手感。使用清洁汽油清洗凸轮轴轴承后试转，其声响仍未排除。取出轴承外圈，发现其轴承内圈滚道上有明显的伤痕存在，轴承滚道内圈有不正常的磨损痕迹，确认异常声响故障是由此处造成
故障原因	凸轮轴轴承异响
故障解决	更换新凸轮轴组件，复装发动机。启动摩托车，其运转声音柔和，确认原气缸盖罩内异常声响被排除

（3）气门间隙经常变化（表2-27）

表 2-27　气门间隙经常变化

故障现象	冷车启动困难，即使能偶尔启动，一会便熄火
故障诊断	用脚蹬踩启动机构，发动机无任何启动迹象 拆卸火花塞，试其气缸压力，有一定的压力，但就是无法启动 打开气缸盖罩壳，将曲轴旋转至压缩冲程终了时的位置，磁电机飞轮上的"T"刻线正好对准左曲轴箱上的标记凸筋，说明配气正时无误 使用塞尺检测进、排气门间隙，结果都为 0.05mm 左右。按检查程序，依次对火花塞、点火线圈、电子点火器、磁电机点火线圈等电气零件进行检查，未发现点火异常。拆卸气缸盖组件，取出气门等零件，检查其密封，基本正常 仔细对气缸盖进、排气门座进行检查发现，进气门座与气缸盖气门座孔处有微小的缝隙。为验证进气门座是否松动，把气缸盖浸入加热的水中观察，当水温达到 95℃时，进气门座脱离气缸盖。气门座一般由粉末冶金材料制造，为防止工作时产生松动，气门座外圆与气缸盖气门座孔为过盈配合，即使温度升高，气门座也不会掉下来。但过盈量不足时，就会在热机时产生松动，不但会发出异声，同时还会使压缩压力下降，难以启动或启动时间不久，便会熄火

续表

故障原因	气门松动
故障解决	更换气缸盖总成，重装发动机，启动摩托车，工作正常，故障排除

（4）摇臂弹簧故障导致发动机异响（表2-28）

表 2-28　摇臂弹簧故障导致发动机异响

故障现象	车辆在行驶时出现发动机异响
故障诊断	启动发动机，稍作暖车后，缓慢加大油门，气缸盖处发出"哒哒"声响。待冷机时打开气缸盖罩，旋转曲轴，使装在左端飞轮上的"TL"标记对准左盖检视孔刻线，此时凸轮轴左端的键槽朝着进气口方向，正时链轮两边的刻线也正好平行于气缸盖平面，说明发动机的正时安装无误，不存在气门相互碰撞和气门顶活塞的可能 　　使用塞尺检查进、排气门间隙都在 0.05mm 左右，其张紧器压带也在正常的张紧状态。边转动曲轴，边用手电照看气门摇臂的运转状态，也未见气门摇臂碰摇臂座的现象。卸下摇臂座组件，检查气门摇臂与凸轮轴接触的圆弧面，未见异常磨损的现象。同时检查连接张紧器与压带的销轴，其配合间隙不存在偏大的现象 　　再检查气门摇臂座组件时，发现右缸进气摇臂的摇臂弹簧已断裂。发动机的气门摇臂装在摇臂座内允许有轴向间隙，它主要靠摇臂弹簧抵住气门摇臂而工作。摇臂弹簧断裂后，气门摇臂在摇臂座内产生轴向运动，而发出异常声响
故障原因	摇臂弹簧断裂
故障解决	更换摇臂弹簧，组装发动机，启动发动机，异响消失，故障排除

（5）发动机难启动（表2-29）

表 2-29　发动机难启动

故障现象	发动机难启动、高速上不去

续表

故障诊断	检查车辆的全部情况：曲轴箱内的润滑油已发黑了 打开气缸盖罩发现里面全是油泥，仔细清理后，检查气门间隙，只不到 0.02mm，用户反应需要经常调整车辆气门间隙，行驶不到 200km，已经前后调整过三次气门间隙 由此怀疑问题可能出在气门与气门座圈之间。分解发动机，拆下气缸盖，分解气门、气门弹簧等零件，经过检查发现，该发动机进气门座圈已严重凹陷，气门盘锥面与气门座圈接触面很宽，使用游标卡尺测量接触面宽度达到 2mm 以上 由于气缸盖气门座圈严重磨损，接触面宽度严重超差，气门无法密封，直接导致气门间隙逐渐变小，经过调整后，行驶时间不长又出现此现象。由此可以认定，这是该车难启动、高速上不去真正的原因
故障原因	进气门座圈严重凹陷造成的
故障解决	由于该气缸盖总成无法继续使用，需更换气缸盖总成，重新组装发动机，顺利启动发动机，稍作暖机后上路行驶，最高车速达到 75km/h，故障排除

（6）发动机气门导管断裂（表2-30）

表 **2-30** 发动机气门导管断裂

故障现象	发动机气门导管断裂
故障诊断	对发动机的配气正时进行核查，打开气缸盖罩，拆下左、右缸火花塞，转动曲轴，使磁电机飞轮上的"TL"左侧刻线对准左曲轴箱盖上的指示孔标记，此时凸轮轴左端的键槽正好朝着左缸进气口方向，且左缸活塞处于上止点位置，说明磁电机飞轮与左缸曲柄轴配合的圆柱销未被剪切，左缸配气正时安装正确 将曲轴转动 180°，使磁电机飞轮上的"TR"左侧刻线对准左曲轴箱盖上的指示孔标记，此时凸轮轴左端的键槽正好垂直于气缸盖平面，说明右缸左曲柄轴与左缸右曲柄轴压装无误，正好处于 180°，右缸配气正时准确无误。右缸左曲柄轴颈与左缸右曲柄轴孔为过盈配合，过盈量约 0.086mm。若过盈量偏小或压装切边，发动机工作一段时间后，此处会产生松动，使左、右缸相对位置发生错位，导致配气正时紊乱而使进、排气相撞

故障诊断	从配气正时上找不到故障的起因，只得对气缸盖的气门导管孔和气门杆进行检查。CB125T 车的气缸盖为双缸并列结构，进、排气门导管孔的内径为 5.475 ~ 5.485mm；进气门杆径为 5.450 ~ 5.465mm；排气门杆径为 5.430 ~ 5.445mm；进气门与气门导管的配合间隙为 0.01 ~ 0.035mm，排气门与气门导管的配合间隙为 0.03 ~ 0.055mm。测量这部分零件的尺寸，未见配合间隙偏小的现象。将气缸盖放置在光线明亮的地方，仔细照看气门导管孔的粗糙度，也在正常范围以内。将进、排气门旋转放入气门导管孔内，做上下来回动作，无任何呆滞现象 　　检查发动机凸轮轴的润滑油量，正常 　　检查燃油箱内的汽油，未见异常 　　通过以上的检查和验证，排除了发动机配气正时的误差、误装、凸轮轴的配气角度、气门和气门导管配合间隙小以及汽油变质等所有怀疑的地方 　　对气缸盖与凸轮轴进行组合试验，测量了新的进、排气门，在其杆径上涂抹少量润滑油并装入气缸盖导管孔内，按新机要求重新组装好气缸盖组件 　　为验证气门相碰的故障，找来 8 个尺寸一样的螺栓、螺母，将凸轮轴、正时链轮以及摇臂座组件按装配要求与气缸盖组件进行组合。把气缸盖组合件用等高块架空，以便于观察进、排气门的开启和关闭。用柔软的棉布垫在气缸盖上平面，使用一字起子抵住正时链轮，慢慢转动凸轮轴及气门摇臂，使左、右缸进排气门按正常的配气正时做开与关的动作。当排气门打开后尚未关闭时，进气门却提前打开了，使进气门的盘顶部端面与排气门的锥面相碰，故障终于再现了
故障原因	气缸盖不符合要求
故障解决	换上原厂的气缸盖，按上述方法组合进行配气正时验证，结果一切正常。拆去组合件，按装配要求复装上发动机，启动车辆，行驶约 25km，一切正常，故障排除

（7）发动机气缸盖罩内发出"哒哒哒"的异响（表2-31）

表 2-31　发动机气缸盖罩内发出"哒哒哒"的异响

故障现象	发动机气缸盖罩内发出"哒哒哒"的异响

故障诊断	气缸盖罩内的异常声音比较复杂，维修人员先采用排除法进行判断 检查调整配气机构，将正时链条向前或向后错开半个齿位安装，声音没有变化。接着又将进、排气门间隙反复调整，均没有排除这种异常的"嗒嗒"声响。拆开气门摇臂座组件，反复检查气门顶端与气门摇臂圆弧面接触面，都在正常的磨损范围 分解气缸盖总成，检查气缸盖零部件 当到检查到气门杆部时，意外发现气门杆上端装气门锁夹的凹缘处严重磨损。试着将气门锁夹放到故障气门杆上端凹缘处，再用另一个同型号气门锁夹放到正品气门杆上端凹缘处进行比较，发现放到故障气门杆上端凹缘处的气门锁夹的间隙非常大。使用锉刀在故障气门杆上端凹缘处进行锉削，小锉刀很轻松地锉削到金属屑，说明该故障气门采用的材料或热处理出现了严重质量问题
故障原因	气门的材料或热处理不合格，导致严重磨损，在气门弹簧的弹力作用和上下运动情况下，凹缘与锁夹凸缘之间的间隙越来越大，进而引起异常的"哒哒"声响
故障解决	更换合格气门及锁夹，精心复装所拆零件，启动发动机，缓慢加大油门，气缸盖处异常的"哒哒"声响消失，确认故障被排除

（8）气门弹簧安装错误导致发动机异响（表2-32）

表2-32   气门弹簧安装错误导致发动机异响

故障现象	发动机气缸盖罩内发出异响
故障诊断	气缸盖罩内异常声响的根源可能是在配气机构零件中发出的，由于气缸盖罩内零件较多，尤其是相互配合连接的零件存在许多不确定的因素 维修人员本着从简到繁，由内到外的原则，先将气门摇臂组件卸下，初步检查气门摇臂、摇臂弹簧、气门间隙调整螺钉及其气门杆顶端等零件，经过多次检查确认这些零件都在正常的磨损范围，也没有异常的接触痕迹 将气门弹簧、气门等零件卸下，反复检查发现2个问题： ❶ 外弹簧节距小的一端应该朝下，现在的安装方向显然是装反了；

续表

故障诊断	❷ 内、外弹簧有相互摩擦的痕迹。技术资料显示，为防止弹簧发生共振，在摩托车发动机的气门上装了粗细不同、旋向不同的内、外弹簧，这种结构可降低弹簧的高度，同时又可防止两根弹簧因振动错位而相互咬死，即使一根弹簧折断，另一根弹簧还能继续工作，而且又因两根弹簧的自振频率不同，在安装时，必须将内外弹簧节距小的一端向下装配，这样可防止共振的发生，保证了发动机工作的可靠性。现故障发动机上的气门弹簧违反了防止共振的安装规定，且内外弹簧存在相互擦碰痕迹，是绝对的不允许的
故障原因	外弹簧装反了
故障解决	更换型号、尺寸相同、质量优良的气门内、外弹簧，按照规定方向装在气缸盖总成上。重新组装发动机，启动发动机，稍作暖车后，缓慢加大油门，气缸盖罩内异常声音消失，确认故障排除

（9）冷车难启动和加速性能差（表2-33）

表2-33　冷车难启动和加速性能差

故障现象	冷车难启动和加速性能差
故障诊断	在冷车状态下启动发动机，同时使用万用电表测量蓄电池的启动电压降，结果蓄电池电压下降约2V，为确认蓄电池的工作状态，又换用一个新的蓄电池进行启动试验，发动机仍难以启动，说明蓄电池基本符合发动机启动的要求 　　按照技术要求检查气门间隙，卸下后备厢、覆盖件、左侧盖和右曲轴箱盖上的检视孔盖，使用19mm的套筒扳手在左侧盖端转动曲轴，使活塞处于压缩行程终了的上止点位置，同时观察右曲轴箱盖检视孔刻线与磁电机转子上的"T"左侧标记对准 　　松开摇臂螺栓，分别将进、排摇臂调节机构充分向外侧移动，由于偏心轴的作用，此时气门间隙为零。在此位置向内侧移动一个刻度，气门间隙为0.10mm、最后旋转曲轴720°以上，确认气门间隙调整无任何异常

故障诊断	启动发动机，多次按下启动按钮，发动机勉强能够启动，但与正常启动时间相比仍稍偏长。询问用户得知，此时离上次调整气门间隙不到一个月，考虑到摩托车已行驶 4 万多千米，初步分析可能是气门与气门座处磨损异常，使气门座下沉，造成气门间隙过一段时间后逐渐变小，是该车难启动故障的真正原因（如下图所示） 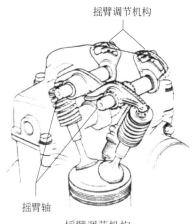 摇臂调节机构 摇臂轴 摇臂调节机构 　　为确认气门密封是否良好，拆下排气消音器和火花塞，使化油器节气门处于关闭状态，拔去进气管上的负压软管，转动曲轴使活塞处于压缩冲程终了时的位置并保持此位置不动。用橡胶软管对准气缸盖火花塞孔冲气，此时只听见气缸盖排气口处发出"嗤嗤"断续的漏气声，进气管负压接头口处也有气体间断漏出。试验证明，发动机的进、排气门确实存在密封不良的现象 　　分解气缸盖组件后发现，进、排气门和相对应的气门座圈确实已严重磨损并呈坍塌状，其密封用气门线的宽度已达 2.5mm 　　更换新气缸盖和进、排气门并与相对应的气门座适当配研后复装。按要求调整好进、排气门间隙，复原车辆。按动启动按钮，发动机顺利启动且加速有力，故障排除
故障原因	进、排气门密封不良
故障解决	更换新气缸盖和进、排气门，并进行研磨

（10）发动机无法启动（表2-34）

表 2-34　发动机无法启动

故障现象	发动机无法启动
故障诊断	开启点火开关，用力踏动启动杆，进行发动机启动检验。连续踏动启动杆，发动机不能启动着火。在踏动启动杆时，明显感到启动杆踏动阻力很小，检验结果表明，发动机压缩不良导致了不能启动故障 　　检查发动机正时，标记对齐，正常 　　检查进、排气门工作间隙，发现进、排气门工作间隙均偏小，调整进、排气门工作间隙，使之符合技术要求。再次踏动启动杆进行检验，感到启动杆踏动阻力没有明显增大。发动机投入使用时间不长，活塞环与气缸套严重磨损过大的可能性很小，很可能是进、排气门的接触带密封不良，导致发动机气缸压缩不良故障 　　拆下气缸盖，完全分解进、排气门组件进行检查，发现进、排气门的气门杆上胶质较多，进、排气门的接触带密封呈黑色，布满了积炭。检查确认了进、排气门的接触带积炭导致了关闭不严，致使发动机气缸压力大幅降低。导致进、排气门的接触带积炭的原因，是进、排气门工作间隙均偏小或出现负间隙，但是进、排气门工作间隙在例行保养时检查过，确认符合技术要求。那么为什么还会发生进、排气门的接触带积炭呢？还有进、排气门的气门杆上胶质较多，通常气门杆与气门导管配合的工作部位是很光滑的，可是现在很难分清界线。这说明，汽油中含有较多的胶质，发动机投入工作时，胶质会依附在气门头附近的杆上而且越积越多，对气门杆活动阻力的影响越来越大，尤其在发动机冷启动时，由于气门弹簧较软，气门杆的活动阻力较大，就很难保证进、排气门能够关闭良好，而造成可燃混合气的泄漏，导致发动机压缩不良和进、排气门的接触带积炭，最终导致了发动机不能启动故障 　　清除气门杆上的积炭，研磨气门，向气缸盖的进、排气道注入汽油进行检验，确认进、排气门能够关闭良好，装复并装回气缸盖，踏动启动杆进行检验，感到启动杆踏动阻力明显增大，这表明气缸压缩良好。开启点火开关，用力踏动启动杆，进行发动机启动检验。连续踏动启动杆，发动机顺利启动着火，故障排除
故障原因	汽油油品较差，导致气门积炭
故障解决	清除气门杆上的积炭，研磨气门

（11）排气门漏气（表2-35）

表 2-35　排气门漏气

故障现象	排气冒黑烟，时常有难启动现象
故障诊断	发动机排气冒黑烟，一般是混合气燃烧不充分引起的 先从电路开始检查，拆下火花塞，套在高压阻尼帽上测试点火情况，火花微弱，更换一个新的火花塞，火花稍有好转，但仍偏弱，更换一个新高压点火线圈试验，排气冒黑烟仍然没有完全排除 按照内燃机工作原理，如果排气门存在泄漏，那么在进气过程中，已经排出的废气还会通过泄漏的排气门重新进入气缸，从而引发排气冒黑烟故障。分解气缸盖，检查排气门座圈气门线，确实存在泄漏现象 用气门绞刀刮去排气门座上的积炭，并修正气门线，与更换的新排气门进行配研，最后清洗干净，装上配好的排气门试验泄漏情况，确认已不泄漏，重新组装发动机，启动发动机，注意观察排气消声器排烟情况，摩托车排气烟色恢复正常，故障排除
故障原因	排气门漏气
故障解决	用气门绞刀刮去排气门座上的积炭，并修正气门线，更换排气门

（12）摩托车动力性能差（表2-36）

表 2-36　摩托车动力性能差

故障现象	上坡无力、车速低、油耗高
故障诊断	检查空气滤清器，拆卸空气滤清器盖，清除空气滤清器内尘土，更换滤芯，清洗调整化油器后试启动发动机，启动后发动机出现较大的噪声，经试车动力性较差 拆卸发动机气缸盖，检查配气正时及配气正时链条，未发现异常。说明摩托车动力性不足、噪声大的原因并不是配气不正时或配气正时链条磨损所致 检查发动机的润滑状态，取出油尺，经检测曲轴箱的润滑油在油尺的最低位置，发动机曲轴箱中润滑油油量不足，发动机噪声可能是因为润滑不良 解体发动机气缸盖，检查发现，配气正时凸轮、摇臂等部件出现严重的磨损。较严重凸轮部位的磨损量在 2mm 以上

续表

故障诊断	根据四冲程发动的工作原理可知，配气凸轮的高度，决定了摇臂的升程高度及发动机的进气量，气门从开启到关闭的时间、气门的最大升程（最大进气面积）的乘积，称为进气时面积，进气时面积的大小关系着发动机进气量的大小，且直接影响发动机的动力性。当进气凸轮没有磨损时发动机进气时面积为最大，凸轮磨损时进气门升程变小，进气门开启高度变小，在极短的时间内凸轮顶开气门，进气面积将发生大的变化，进气时面积变小。换言之，进气凸轮高度下降导致发动机进气量减小，进气量不足，致使发动机启动困难、发动机动力下降。因此，凸轮轴的高度及使用极限值，在四冲程摩托车发动机上有较严格的要求，当进气凸轮的高度磨损0.25mm时，即超出了凸轮轴的使用极限，更不要说该车进气凸轮的高度已磨损了2mm
故障原因	发动机凸轮轴、摇臂严重磨损
故障解决	换凸轮轴、摇臂、摇臂销、缸头垫、O形油封等部件，组装气缸盖，调整气门间隙，清洗发动机曲轴箱，更换新润滑油

（13）气门损坏的形式（表2-37）

表2-37　气门损坏的形式

故障现象	气门损坏的形式
故障原因	应定期检查和调整气门间隙 长距离行驶后应及时分解发动机，检查气门，如发现气门锥面上有深沟或麻点应进行修磨并清除积炭 应按规定使用相应牌号的燃油和润滑油 气门损坏有以下几种形式 ❶ 气门锥面磨损：这主要是由于气门频繁开闭与气门座碰撞，高温气体冲击使气门锥面被氧化及进入气缸体内的杂质附着锥面磨损引起的 ❷ 气门烧蚀：这主要是由于润滑系统工作不良引起的，燃烧室内润滑油渗入过多，会引起燃烧不良，在气门锥面上形成积炭，影响气门散热，使气门温度升高，热负荷剧增，从而使气门边缘烧蚀。另外，气门漏气也会使气门得不到正常的冷却 ❸ 气门锥面及颈部腐蚀：这主要是由于强烈的废气冲击和被酸性物质腐蚀引起的，严重时表面会呈蜂窝状

续表

故障原因	❹ 气门杆磨损：这是在工作时气门与其导向套不断摩擦引起的。气门杆的磨损，增大了与其导向套的配合间隙，工作时会发生晃动，从而引起气门锥面磨偏，导致漏气 ❺ 气门弯曲与断裂：这主要是由于气门间隙调整不当或气缸头衬垫太薄，造成活塞与气门碰撞引起的。另外，长时间超负荷或超速行驶，排气温度过高，也会引起断裂
故障解决	气门损坏以后，可根据损坏的情况按不同方法进行修理或更换 气门烧蚀或有裂纹，应更换 气门锥面磨损，如锥面上有轻微的麻点和凹坑，可用手研磨消除。注意，研磨前应将气门、气门座与导向套用汽油清洗干净，然后用橡胶捻子吸住气门顶部，先用粗研磨膏将麻点和凹坑研磨掉，再用细研磨膏精研，最后将研磨膏用汽油冲洗掉，涂上润滑油，研磨几分钟即可。如锥面上有较深的麻点和斑痕，则应在气门磨光机上进行修磨。修磨时，速度不宜太快，动作要平稳，如发现气门顶的边缘厚度小于0.5mm或翘曲变形时，则应更换 气门修磨后，应检查其与气门座是否吻合、不漏，检查方法有两种： ❶ 在气门锥面上薄薄地涂上一层印油，然后将气门轻压在气门座上，旋转1/4圈后拔出，若气门座上有一圈不间断的印油痕迹，表示密封性能好； ❷ 用软铅笔在气门锥面上自杆部至顶部间隔划数道线，然后同样将气门轻压在气门座上，旋转1/4圈后拔出，观察其在气门座上留下的痕迹，如铅笔线被均匀切断则表示密封性好

（14）配气机构有异常声响（表2-38）

表 2-38　配气机构有异常声响

故障现象	在排气管消声器部位听到"嘘嘘"的声音，这表明排气门有漏气现象，而在化油器上边空气滤清器处听到"嘘嘘"的声音，则说明进气门有漏气现象
故障诊断	除气门漏气外，在气缸上部、气缸盖处听到活塞顶碰气门发出的"当当"的敲击声，且气缸压力不足，功率上不去。由于气门弹簧折断，致使活塞顶碰气门而发出敲击声

故障诊断	发动机温度高到一定程度后，发出一种尖锐的声响，是由于气门积炭过多造成的 在怠速时出现有节奏的"嗒嗒"的敲击声，转速增高，声响也随之增大并变得杂乱。由于气门间隙调整不当，使气门杆端面碰击到摇臂调整螺栓平面 声音为一种有节奏的、清脆的"嗒嗒"的敲击声，怠速时明显，中速以上则减弱或消失，是由于凸轮轴产生弯曲、扭转变形、凸轮工作表面磨损、凸轮轴颈磨损而引起的 目前，发动机异响的原因仍然是通过听、触、摸等感觉，凭经验做判断。如借助于木棒、起子来进行助听。办法是：将木棒（或起子）的一端放在摩托车发动机体不同部位上，另一端用耳朵倾听，木棒（或起子）传来的异响变强的部位即为异响的声源。此时若将手放到发出异响的部位上，会感觉到较强的震动，为了帮助判断杂音的来源和部位，还可采用急加速或变更点火时间等办法来查听异响变化
故障原因	❶ 气门与气门座工作斜面磨损、烧蚀、积炭产生斑点或凹陷 ❷ 气门杆与气门导管之间间隙过大、气门杆晃动；气门杆部弯曲变形、气门头部歪斜，致使气门关闭不严，气门杆在气门导管内发涩或卡住，气门不能上下活动 ❸ 气门弹簧弹力减弱失去弹性，使气门与气门座不能完全关闭而漏气 ❹ 气门间隙过小，气门杆受热膨胀后，挺杆或摇臂顶开气门，使气门不能完全关闭而漏气
故障解决	拆下气缸头，用煤油检查气密性，5min 内如有渗漏现象，说明气门与气门座工作斜面配合不好，分解气门，逐一检查气门杆、气门与气门工作斜面、气门弹簧弹力等，对损坏零件进行修理或更换

（15）正时齿轮成对更换后噪声变大（表2-39）

表 2-39　正时齿轮成对更换后噪声变大

故障现象	车辆传动部分有噪声，因而把磨损较大的正时齿轮成对更换，但是噪音有增无减

续表

故障诊断	可以检查凸轮轴的配合间隙，应在 0.1mm 以下，磨损超过极限时，就应更换心轴或凸轮衬套。心轴安装必须牢固 检查正时齿轮（凸轮）的粗糙度、齿向误差、凸轮轮廓等，更换不合格零件。或者分解正时齿轮，重新正确装配
故障原因	❶ 正时齿轮齿廓误差大或磨损严重，或齿面有损伤，使传动过程产生齿面摩擦或冲击，增加噪声 ❷ 凸轮轴间隙过大，在受到来自气门弹簧的变向力作用后，易产生冲击 ❸ 凸轮轮廓误差大，表面有损伤，接触不平滑，传动不平稳，凸轮轴安装时未固定，传动时产生窜动，打击定子盘，也产生噪声 ❹ 正时齿轮齿面粗糙度、齿形误差等不合要求，传动不平稳，增大噪声 ❺ 正时齿轮成对更换时，齿轮过盈配合，容易产生齿面损伤，使得传动噪声有增无减
故障解决	调整或更换故障零部件

（16）正时链异响（表2-40）

表 2-40　正时链异响

故障现象	正时链异响
故障诊断	正时链发出异常响声，经调整后略有好转 重新调整时规链张紧装置时，应先松开张紧装置上的固定螺母和调整螺钉，顶杆在弹簧的作用下会自动顶紧时规链压板，从而顶紧时规链，然后把固定螺母和调整螺钉拧紧。如果经上述调整，响声仍没有完全消除，可松开两个固定螺钉，使总成退出 3mm 左右；固定螺母和调整螺钉松开让顶杆顶出后再马上拧紧；启动发动机，一边慢慢将两个固定螺钉拧进去，一边注意听推进过程中发出的异响（反复进行拧进推出动作），至最小的位置时，拧紧两个固定螺钉 如果时规链轮磨损较多时，应视大链轮的磨损程度而同时更换大链轮与链条 如果是凸轮轴磨损较多时，会影响链轮与链条的配合，应修复或更换 如果张紧机构磨损过多，张紧弹簧的弹力不够，也应修复或更换

续表

故障原因	由于正时链伸长较多；或因链轮、凸轮轴、张紧机构等零件的磨损累积，使时规链过松，运转不在一条直线上，轮齿碰链片
故障解决	调整或更换故障零部件

2.5 燃油供给系统

2.5.1 燃油供给系统工作原理

燃油供给系统的作用是定时、定量地供给发动机一定比例的可燃混合气。此外燃油供给系统还应能根据发动机各种不同工况的需求，适时改变供给混合气量。

二冲程发动机燃油系统主要由化油器、油箱、油箱开关等零件组成。此外二冲程发动机的燃油供给系统还应包括发动机的润滑油供给部分。

二冲程发动机的燃油供给系统工作过程：燃油由燃油箱经燃油开关，再经输油管流入化油器浮子室，在浮子室经主量孔或怠速量孔喷出后雾化，并与从空气滤清器进入的空气混合，变成可燃混合气。可燃混合气经进气阀（或旋转阀）吸入曲轴箱，再由曲轴箱压入气缸上部的燃烧室，由火花塞点火。

四冲程发动机的燃油供给系统的工作过程是：燃油由燃油箱经燃油开关，经输油管流入化油器浮子室，再由浮子室经主量孔或怠速量孔喷出后雾化，并与从空气滤清器进入的空气混合，形成可燃混合气。可燃混合气经进气门吸入气缸上部的燃烧室，由火花塞点火燃烧后膨胀做功。

2.5.2 常见故障及原因分析

（1）难启动、加速性能差（表2-41）

表2-41 难启动、加速性能差

故障现象	发动机难启动、加速性能差、动力下降故障

故障诊断	多次启动车辆，发动机勉强着车 上路行驶约 200m，渐感车速上升缓慢，行驶很长时间才勉强达到 60km/h。拆卸点火线圈高压线，检查其点火性能，结果火花塞点火较弱，更换一同型号火花塞试验，火花恢复正常，启动发动机较为顺利，但车速上升仍然缓慢 打开空气滤清器盖，检查其滤芯堵塞情况，纸质滤芯表面有明显的浮灰，用压缩空气枪吹尽灰尘。再检查空气滤清器内部腔体以及进口部分，未见开裂等异常情况 打开摩托车燃油箱盖，仔细检查油箱盖通气孔的透气情况，使用压缩空气枪对着气孔反复吹冲，确认没有任何堵塞现象 接着，拔出与负压开关负压端相连的负压软管，对其施加负压，负压开关出油端出油顺畅。拧松化油器放油螺钉，将放油橡胶软管放置于化油器本体与浮子室之间来回移动，当放油橡胶软管大约移动至在浮子室结合面向下 2mm 时，汽油从油管内溢出，说明化油器浮子室油位基本正常 打开气缸盖罩，检查气门间隙时发现，进、排气门间隙偏小，只有 0.02mm，重新调整气门间隙至规定数值的 0.06mm，再行启动发动机，一打便着，上路骑乘，感觉加速性能仍然不太满意。再次打开气缸盖罩，检查配气正时位置，结果安装正确无误。在检查正时链条时发现，传动链条在正时链轮上非常紧，结合发动机运转声音有些沉闷的情况分析，可能是张紧器弹簧弹力过大，无形中增大了正时链条的张紧压力，造成曲轴运转阻力加大，最终影响发动机动力的正常发挥 询问用户得知，上次维修时，因为其弹簧遗失，是另找的其他车型弹簧代替使用的
故障原因	正时链条张紧器弹簧弹力过大
故障解决	分解张紧器，取出张紧弹簧，与同型号车张紧弹簧比较，确认该车弹簧弹力过大。更换该型号可调整式张紧器，复装所拆零件，上路试车约 3km，摩托车加速性能恢复正常，最高车速达到 80km/h，确认原机难启动和动力下降故障被排除

（2）早上冷车难启动及加速无力的故障（表2-42）

表2-42　早上冷车难启动及加速无力的故障

故障现象	早上冷车难启动及加速无力的故障，必须连续蹬踩启动踏杆几十次，才能启动
故障诊断	冷车状态时分别采用脚、电启动，均无法在短时间内实现启动 拆下火花塞，其电极部位呈干燥状态，松开化油器放油螺钉，无油溢出，说明无燃油进入气缸 检查油箱开关通气孔，正常。拔出负压开关负压端橡胶管，对其施加负压，出油正常，随即一次启动成功。观察引擎在怠速和中、低速工况时，化油器油位均在正常位置 早上冷车启动的故障完全是由化油器出现异常，使燃油意外流失造成的。按内燃机原理分析，应为空气量孔堵塞所致。打开空气滤清器盖，其泡沫滤芯有一个明显缺角，灰尘异物从此处吸入，卸下化油器仔细检查，发现一个异物堵在怠速空气量孔内。清洁化油器，疏通量孔及化油器浮子室内不洁物，复装化油器及所拆零件。连续一周跟踪观察该车，早上难启动故障未再重现，加速亦恢复正常，故障排除
故障原因	化油器堵塞，怠速空气量孔堵塞
故障解决	清洗化油器，疏通怠速空气量孔

（3）电喷摩托车启动困难（表3-43）

表2-43　电喷摩托车启动困难

故障现象	电喷摩托车启动困难
故障诊断	春兰CL125-6电喷摩托车采用电控燃油喷射技术，其燃油供给系统由燃油箱、电动汽油泵、汽油滤清器、燃油压力调节器及油管路等组成 难启动故障可能是由于汽油滤清器滤纸堵塞造成油压低，或是由于燃油压力调节器故障，或是由于连接燃油压力调节器的油管处出现松动，导致油压下降（正常的燃油压力约为0.2MPa） 拆下燃油箱，检查汽油滤清器滤纸，发现有轻微的堵塞，且连接燃油压力调节器的油管处也有松动。清洗汽油滤清器滤纸，将连接燃油压力调节器的油管重新紧固，复装所拆零件，按照电喷摩托车的相关程序启动发动机，仍然难启动。接着拆下喷油器进行试验，其压力较前有所好转，但仍不理想

续表

故障诊断	电控燃油喷射系统使用的喷油器为轴针式电磁喷油器，它由喷油器外壳、喷嘴、针阀以及套在针阀上的衔铁圈组成，是一个加工精度非常高的精密器件，在燃油喷射系统的执行机构中，起着极为关键的作用。现在的故障明显是喷油器引起的 分解喷油器，发现里面有细微的杂质卡在喷油器针阀里，清理细微杂质，清洗干净后检测喷油器线圈直流阻抗值为 $12.60\,\Omega$〔喷油器的线圈直流阻抗值正常值在（20 ± 2）℃时为（12.25 ± 0.50）Ω〕 组装喷油器，启动摩托车，发动机一点就着，故障排除
故障原因	喷油器堵塞
故障解决	清理喷油器

（4）高速加不上油（表2-44）

表 2-44　高速加不上油

故障现象	在中、高速阶段时有加不上油的感觉，且无规律性
故障诊断	按照摩托车发动机的故障检修规律，中、高速阶段加不上油，除了电路有接触不良的原因外，应该与化油器的工作性能有关 先检查化油器浮子室油位，拧松化油器浮子室盖放油螺钉，将浮子室盖上的放油橡胶软管口置于化油器本体与浮子室盖结合面之间，上下移动，汽油在离化油器本体与浮子室盖结合面约2mm处冒出，说明化油器浮子室油位基本正常 接着，将车上化油器拆下，分解化油器，打开浮子室盖仔细检查发现，化油器浮子室盖内竟然有片细小的塑料薄膜。就是这个细小的塑料薄膜漂浮在化油器浮子室燃油内，在摩托车发动机加速过程中，它在里面的位置是不定的：在发动机怠速、低速阶段，因化油器怠速量孔的吸力小，不出现问题。而到了中、高速阶段，化油器主量孔开始工作，其吸力较大，细小的塑料薄膜被吸到主量孔口处，阻碍了主量孔吸入燃油。当摩托车车速降低后，车速减慢，主量孔的吸力同样减小，塑料薄膜又离开化油器主量孔口，发动机也不会熄火
故障原因	化油器浮子室盖内有片细小的塑料薄膜

故障解决	取出塑料薄膜，清洗化油器、各量孔和浮子室盖。重新组装化油器，复原车辆。启动发动机，稍作暖车后，上路试车 3km，不管如何加、减速，摩托车在中、高速阶段行驶都正常，故障排除

（5）排气冒黑烟（表2-45）

表 2-45　排气冒黑烟

故障现象	排气冒黑烟
故障诊断	排气冒黑烟的原因较多，本着先易后难的原则，首先检查化油器：拧松化油器浮子室放油螺钉，使浮子室放油管朝上并放置于化油器本体与浮子室结合面之间上下移动，这样来检查化油器浮子室油面的高度，结果是在化油器本体与浮子室结合面向下 3mm 处，基本符合技术要求。如果化油器主量孔磨损超大，也会造成可燃混合气变浓而排气冒黑烟。分解化油器，仔细检查主量孔，没有发现磨损超大的现象 接下来检查点火提前角，将摩托车用中撑架支起，使后轮离开地面，并使变速机构处于空挡位置。然后拆去换挡摇臂踏杆组件和左侧链罩，卸下左曲轴箱盖总成，可以看到装在曲轴组件左端面上的磁电机转子（简称飞轮）。从仪表盒中取出点火正时检查装置，将闪烁器两引线分别与蓄电池连接，即点火正时灯正极夹于左缸高压线束上，负极夹与蓄电池负极可靠连接。使用脚启动或电启动装置，启动发动机，并保持在（1400±100）r/min 范围内运转约 5min 以上。将不断闪烁的点火正时灯对准左曲轴箱盖正时检视孔，若看到飞轮上的"|FL"左侧刻线与左盖正时检视孔刻线相吻合，说明发动机怠速状态时的点火提前角正确。待发动机温度上升至 40℃ 左右，再缓慢加大油门，使发动机转速保持在 6000r/min 以上运转，注意不要超过 8000r/min。如看到飞轮"|FL"标记左侧的"||"双刻线标记与左盖正时检视孔刻线相吻合，说明发动机高速段的点火提前角正确（如下图所示）

故障诊断	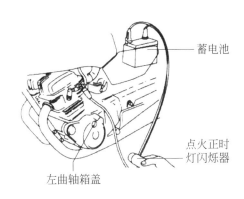 检查正时 化油器上有手动加浓阀装置，将化油器从发动机上卸下，采用最原始的方法进行测试，确实是手动加浓阀阀座内有硬物卡在里面，无法清除（如下图所示） 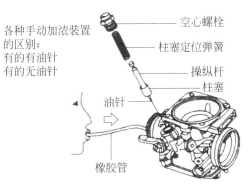 化油器加速泵装置 手动加浓阀装置结构 更换化油器，启动发动机，仔细观察排气管，排气冒黑烟现象消失，故障排除
故障原因	手动加浓阀装置故障
故障解决	更换化油器总成

图注（见插图内文字）：

蓄电池
点火正时灯闪烁器
左曲轴箱盖

各种手动加浓装置的区别：
有的有油针
有的无油针
油针
橡胶管
空心螺栓
柱塞定位弹簧
操纵杆
柱塞

（6）发动机启动困难，行驶无力（表2-46）

表2-46 发动机启动困难，行驶无力

故障现象	发动机启动困难，行驶无力
故障诊断	从发动机上拆下火花塞进行检查，火花塞电极呈灰白色，这表明化油器向发动机提供的可燃混合气偏稀，既会造成发动机启动困难，又会导致发动机无怠速故障 可燃混合气偏稀，通常与化油器有关，拆下化油器，分解后对油水平面工作高度、混合气调整螺钉设定圈数、各量孔是否畅通等项进行检查。检查确认化油器油水平面工作高度正常，各量孔畅通无阻，旋出混合气调整螺钉进行检查，发现混合气调整螺钉的顶尖工作部有环状积炭，使用工具清除混合气调整螺钉顶尖工作部上的环状积炭，装回混合气调整螺钉，轻轻将混合气调整螺钉旋到底，然后将混合气调整螺钉设定圈数设定为3圈 开启点火开关，按下启动按钮，启动电机投入工作，拖动发动机顺利启动着火，发动机启动着火后怠速运转平稳，加速良好。驾驶摩托车进行路试检验，摩托车的低、中速动力充沛，而高速动力不足，检验结果表明化油器主配剂供油不足，取下节气门主油针，将油针卡片向下移动一格，增加供油量。再次驾驶摩托车进行路试检验，摩托车高速行驶有力，故障排除
故障原因	化油器积炭
故障解决	清除化油器积炭

（7）发动机怠速不稳（表2-47）

表2-47 发动机怠速不稳

故障现象	发动机怠速不稳
故障诊断	启动发动机后，调整化油器节气门调整螺钉，使怠速转速保持在1500r/min以上，怠速工况不稳定 本着先易后难的原则，用气缸压力表检测，两缸的压缩压力均在834～883kPa之间，正常 拔下火花塞套于点火线圈阻尼帽上试火，火花塞电极发出蓝色火花并"啪啪"作响，但排气管冒黑烟，火花塞电极颜色呈棕黑色，说明可燃混合气过浓

故障诊断	检查化油器浮子室油面高度，拧松浮子室盖放油螺钉，使放油橡胶管在浮子室与化油器本体之间移动，结果油面在浮子室与化油器本体向下 3mm 处，说明化油器浮子室油面没有问题 分解化油器零件后发现，怠速量孔上端的泡沫管孔相互位置存在偏差（如下图所示），且泡沫管孔位置过低，造成可燃混合气雾化不良，混合气过浓而怠速不稳，在同型号化油器上拆下怠速量孔装上，重新组装化油器，启动摩托车，发动机怠速转速比较稳定，故障排除 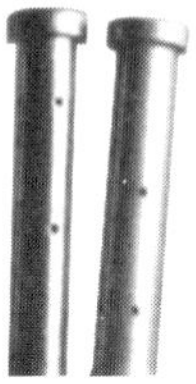
故障原因	更换后的化油器泡沫管与原车的化油器泡沫管存在偏差
故障解决	更换原厂化油器泡沫管

（8）发动机加油不畅（表2-48）

表 2-48　发动机加油不畅

故障现象	发动机工作转速不能提高，消声器不时发出放炮声响
故障诊断	根据故障现象初步分析，有可能是燃油系统不能正常工作，引发了发动机加油不畅故障。如化油器的主量孔局部堵塞，就会导致发动机加油不畅故障，同时也会诱发消声器放炮故障 拆下并分解化油器，检查化油器油平面工作高度、主量孔是否畅通、节气门主油针工作位置等，确认化油器油平面工作高度正常，主量孔畅通，节气门主油针工作位置适中，无故障疑点，检查结果表明，发动机加油不畅故障与燃油系统无关 清洗并复装化油器，启动发动机，检验中发现发动机有时候也可以加速良好，表明点火系统连接线路的连接点有接触不良现象，受发动机加速产生的振动影响，接触不良的连接点会断续接触，点火电路时通时断，使点火系统不能正常工作，导致了发动机加油不畅故障，还使消声器不时发出放炮声响

续表

故障诊断	沿点火系统电路排查，对各连接点进行处理，确保连接牢固可靠，虽然发现有几个连接点有松动现象，但经处理以后，也没能排除故障 检查电子点火器的电路连接，断开电子点火器与电缆线束接插件的连接，检查电子点火器电缆线束接插件，发现电缆线束接插件中有 2 个接插片腐蚀严重，其中蓝 / 白色的接插片几乎断裂，不能继续使用 修复故障电缆线束接插件 开启点火开关，启动发动机，发动机加速良好，故障排除
故障原因	电子点火器电缆线束接插件腐蚀
故障解决	更换或修复电子点火器电缆线束接插件

（9）车辆在行驶时突然加不上油（表2-49）

表 2-49　车辆在行驶时突然加不上油

故障现象	车辆在行驶时突然加不上油，消声器发出"吐吐"的排气声响
故障诊断	❶ 检查点火系统的连接线路，没有发现连接点出现松动和接触不良现象。断开点火开关熄火导线的连接，发动机还是加速不良 ❷ 检查发动机正时，按磁电机转子工作旋转方向慢慢转动磁电机转子，在发动机压缩行程，将磁电机转子上的上止点"T"标记刻线与发动机机体正时标记对齐 ❸ 检查进排气门工作间隙和凸轮轴从动正时传动链轮上的正时标记，检查确认进排气门工作间隙符合技术要求，正时传动链轮上的正时标记与气缸盖正时标记对齐，无异常现象 ❹ 检查化油器，化油器浮子室内汽油充足，主量孔或怠速量孔无松动或脱落现象，主量孔畅通，此时发现主油针不见了。拆下化油器真空室盖，取出节气门进行检查，原来是主油针上的锁片脱落，使主油针失去控制，窜入了节气门内，导致了发动机加速不良 ❺ 更换新主油针锁片，复原车辆，启动发动机，发动机加速良好，故障排除
故障原因	化油器主油针脱落
故障解决	更换新主油针锁片

（10）车辆无高速故障（表2-50）

表 2-50 车辆无高速故障

故障现象	车辆无高速
故障诊断	卸下空气滤清器，其滤芯较清洁，无异常 检查油箱开关及油箱盖，未见堵塞现象 检查化油器浮子室油位，分别拧松左、右缸化油器浮子室放油螺钉，将化油器溢油软管端口朝上，并置于化油器本体和浮子室结合面间上下移动，燃油在化油器本体和浮子室结合面向下约2mm处冒出，说明油位正常。卸下化油器检查，发现浮子室盖底部有细砂杂质，询问车主得知，该车燃油箱曾经清洗过1次，当时还清洗、疏通了化油器各量孔，但没有全部分解化油器 仔细观察化油器的结构发现，该车使用的化油器是MIKUNI，系日本三国公司产品，该型号化油器的浮子针阀座内有粉末冶金滤芯，由于该车使用过的汽油有细砂杂质，经过数万千米的运行，其浮子针阀座内的粉末冶金滤芯可能逐渐被异物杂质堵塞，造成了化油器进油不畅，摩托车无高速的故障 再度分解化油器，检查各量孔确实无堵塞迹象。卸下浮子及针阀，拔出其阀座发现，针阀座的滤芯确实有异物堵塞。清洗化油器浮子针阀座滤芯，重新组装化油器，启动发动机，稍作暖车后上路行驶，最高车速可达90km/h，故障排除
故障原因	化油器针阀座的滤芯有异物堵塞
故障解决	清洗针阀座的滤芯

（11）怠速运转时有异响（表2-51）

表 2-51 怠速运转时有异响

故障现象	怠速运转时有"嗒嗒"异响
故障诊断	发动机怠速运转时，可清晰地听到清脆"嗒嗒"的敲击声响，有一点像气门摇臂磨损过大产生的异响。慢慢加大化油器节气门开度，慢慢提高发动机工作转速，"嗒嗒"异响慢慢减弱，最后消失。再快速加大化油器节气门开度，快速提高发动机工作转速，在发动机急加速的瞬间，"嗒嗒"异响没有增强，反而消失了

故障诊断	"嗒嗒"异响只在发动机怠速工况时出现，在进行发动机急、慢加速检验时消失，表明异响不是发动机机械故障产生的。如果发动机机械故障产生异响，异响在发动机急加速的瞬间增强，不会消失。所以，可能是发动机怠速运转，发动机外部周围的附件因发动机的共振而产生的振动发出异响。发动机怠速运转时，发动机运转不稳定有抖动现象时，就出现了异响。发动机加速以后运转平稳，异响就会消失 打开左、右护板，检查发动机外部周围的附件，发现发动机怠速运转时，化油器抖动得很厉害，带动化油器节气门操纵钢索一起抖动，节气门操纵钢索抖动时与车架相碰，发出"嗒嗒"异响。重新设置节气门操纵钢索走向，使其不因发动机共振而与车架相碰。启动发动机，发动机怠速运转平稳，"嗒嗒"异响消失，故障排除
故障原因	化油器节气门操纵钢索与车架相碰
故障解决	重新设置节气门操纵钢索走向

（12）化油器密封圈损坏故障（表2-52）

表2-52　化油器密封圈损坏故障

故障现象	车辆启动困难；启动后，刚起步就熄火
故障诊断	拆卸排气消声器，使用脚启动机构转动曲轴，同时通过气缸排气口检查缸筒内壁和活塞裙部是否有异常拉伤痕迹，无异常 将火花塞套于点火线圈上试火，其电极发出蓝白色火花且"啪啪"作响，火花塞电极颜色呈白色，表明发动机点火系统工作正常，但可燃混合气存在过稀现象 拆卸空气滤清器组件，用塑料薄膜盖住化油器进气口并扎紧，使用脚启动装置转动曲轴，塑料薄膜有时往里吸，有时往外鼓起，说明簧片阀及垫片处存在异常 松开与曲轴箱和化油器连接的进气管螺栓，取出簧片阀检查，发现簧片阀与曲轴箱结合部位的垫片开裂，但簧片阀片无翘曲现象，簧片阀座上硫化的橡胶层也未见有起层剥落迹象。更换簧片阀垫片，用脚启动发动机，发动机顺利启动，但行驶不到几百米，车辆便熄火，要等十几分钟后才能重新启动

续表

故障诊断	松开化油器放油螺钉，检查确认化油器浮子室油位，在正常状态。调整化油器怠速空气调整螺钉，直至将其旋到底，摩托车加速才有反应。分解化油器，当拆下怠速空气调节螺钉时发现，其前端的O形密封圈被完全挤碎，再加上该怠速空气调节螺钉的螺纹较松，使可燃混合气调节功能无效，造成可燃混合气过稀。开始车辆可行驶数百米，是由于化油器自动加浓装置还未关闭，较浓的混合气勉强可使发动机低速运行
	在怠速空气调节螺钉前端补装O形密封圈，重新调整怠速空气调整螺钉的返回圈数在2.25圈，复原车辆。启动发动机，上路行驶约5km，加速良好，故障排除
故障原因	簧片阀垫片和调节螺钉前端的O形密封圈损坏
故障解决	更换损坏的零件

（13）摩托车化油器回火（表2-53）

表2-53 摩托车化油器回火

故障现象	摩托车化油器回火
故障诊断	当启动车辆时，启动蹬反弹（即发动机反转）同时化油器回火，说明点火时间过早
	正常的点火时间，是当活塞接近上止点时，火花塞电极间跳过高压火点燃可燃混合气，而点火时间过早时，在压缩行程活塞距上止点尚远时就点火，混合气燃烧，高压高温气体迫使活塞中途下行，发动机倒转，凸轮轴随之倒转，使进气门开启。此时，燃烧着的气体由于进气门的开启而流入进气道，使进气道和化油器中的油气燃烧，即产生化油器回火
	另外，由于点火时间过早，活塞在压缩行程未到达止点前，气缸内混合气已燃烧完毕，气缸内压力已升至最高，加大了活塞上行的阻力。使发动机功率和转矩下降。同时，由于高温气体和气缸接触面积增大，使发动机过热，发生爆震。甚至当进气行程开始时，新鲜混合气一进入气缸遇到过热的缸壁就产生自燃。在进气门开启时间内，自燃现象延续到进气道和化油器时，也造成化油器回火

续表

故障诊断	极稀的混合气，燃烧速度低，燃烧过程缓慢，有可能拖延到下一个循环进气行程，使刚进入气缸的新鲜混合气接触到气缸内灼热的气体而被点燃，造成气缸至化油器整个通道都在燃烧，因此产生化油器回火 　　点火时间过晚引起化油器回火。点火时间过晚时，相当多的混合气在活塞下行过程中燃烧甚至延续到排气行程，即在气门打开时引燃进气管道中的可燃混合气，产生化油器回火。由于燃烧着的气体与气缸接触面积增大，引起发动机过热。因此，在进气行程开始时，新鲜的可燃混合气进入气缸后可能自燃，使气缸至化油器整个通道都燃烧，即产生化油器回火 　　混合气过浓引起化油器回火 　　过浓的混合气燃烧速率缓慢，能延续到排气行程，引起发动机过热。这样在气门打开或下一个循环的进气行程到来时，都可能使气道中的可燃混合气燃烧，引起化油器回火
故障原因	❶ 点火时间过早 ❷ 混合气过稀 ❸ 点火时间过晚 ❹ 混合气过浓
故障解决	调整或更换故障零部件

（14）发动机加速性极差（表2-54）

表2-54　发动机加速性极差

故障现象	发动机启动容易，运转正常，车速在 20～30km/h 时，加速性能极差，升速非常缓慢
故障诊断	检查电机转子的自动提前点火装置，弹簧应无损伤，弹力合适、平衡；检查离心块的轴和孔，若发现有严重磨损、松动、倾斜等现象，应更换或调整；凸轮转动应灵活，并能随转速变化而逐渐转动 　　检查气化器节气门与壳体配合的严密性，若出现磨损过度而使节气门漏气，应加以更换。检查油针，若其圆锥部分已经严重磨损变形，应予更换

续表

故障原因	（1）电机故障 电机转子上的自动提前点火装置工作不正常，使其在某车速区间点火提前角不合适，无法正常加速，而到高速时，点火提前角达到极限，自动离心，提前点火装置不起作用，故意运转不正常 （2）气化器故障 气化器的零件严重磨损或调整不当，具体来说，有如下两种情况 ❶ 油针严重磨损变形 ❷ 节气门及包容节气门的气化器壳体严重磨损，因而破坏了节气门提升加速时应有的混合比。而较高速时，节气门开度较大，油针升高，影响甚微，因而此时加速正常
故障解决	调整或更换故障零部件

（15）摩托车化油器故障（表2-55）

操作视频

表 2-55　摩托车化油器故障

故障现象	在使用中出现的如摩托车无怠速（低速）、加油熄火、加油不加速故障
故障诊断	使用中出现的如摩托车无怠速（低速）、加油熄火、加油不加速等故障，通常是因化油器燃油通道堵塞引起的 先将怠速调整螺钉旋到底，用自行车打气筒向化油器通气管（位于化油器中部的胶管）内充气 3 ～ 5 次，再将怠速调整螺钉旋出 3 ～ 3.5 圈，然后拧下火花塞，踏动脚蹬，排出气缸内过多的燃油，重新装好火花塞，即可启动试车 如上述方法不能将故障排除，可按以下步骤对化油器进行检查、排除故障 ❶ 检查化油器内是否有油进入。拧松化油器浮子室底部的放油螺钉，若溢油管（化油器底部胶管）无油流出，应从燃油开关处取下输油胶管，再检查燃油开关有无油流出。若有油流出，用打气筒向输油胶管内充气，直到溢油管或通气管有油喷出为止，最后将输油胶管装到燃油开关上 ❷ 清除主供油及怠速供油通道污物。先关闭燃油开关，同时用钢丝或其他工具卡死溢油管。拆下怠速量孔螺钉（在节气门调整螺钉下部），用打气筒从通气管向化油器里面充气数次，若怠速量孔不往外喷油，可用 0.3 ～ 0.4mm 的细钢丝导通，然

续表

故障诊断	后再充气，直至量孔往外喷油为止。拧上怠速量孔螺钉，随后拆下怠速调整螺钉，用 0.3 ～ 0.4mm 的细钢丝导通怠速喷孔，再用打气筒从怠速调整螺钉孔向内充气数次，然后装上调整螺钉并调整好，油道堵塞引起的故障基本上排除。在启动试车前，仍需将气缸内过多的燃油排除
故障原因	化油器堵塞或怠速螺钉调整不当
故障解决	调整或更换故障零部件

（16）油门拧到1/4左右时发动机自动熄火（表2-56）

表 2-56　油门拧到 1/4 左右时发动机自动熄火

故障现象	油门拧到 1/4 左右时，发动机自动熄火
故障诊断	车辆油门拧到 1/4 左右时，正是发动机转速由低速到中高速的过渡阶段，此时发动机运转无力或容易熄火，是因为化油器过渡喷孔堵塞或怠速调整不当，混合气浓度不正常引起的 检查并清洗化油器，重新调整怠速。具体调整方法是：将发动机控制在最低转速不要熄火，将空气调节螺钉拧到底再向外慢慢旋出，找到一个使发动机转速最高的位置，然后再调整节气门限位螺钉，使发动机转速变低且运转平稳即可
故障原因	化油器过渡喷孔堵塞或怠速调整不当
故障解决	清洗化油器、重新调整怠速

2.6　进、排气系统

2.6.1　进、排气系统的作用

发动机进、气系统的主要功能是保证发动机吸进新鲜的、干净的空气或汽油与空气的混合气。排气系统的功能是约束排出的废气，改变废气气流的方向，将排出的废气引导到消声器中。消声器是阻止排气噪声传播而又允许气流通过的零件，其作用是减少排气噪声、清除废气中的火星。

2.6.2 常见故障及原因分析

（1）启动困难（表2-57）

表 2-57 启动困难

故障现象	行驶几百米后，车速逐渐降低直至熄火，且在短时间内无法启动
故障诊断	多次试着使用电启动，发动机勉强着车。上路行驶约300m，加不起速，并且慢慢熄火，无法再启动 检查发动机点火性能，正常 拧松化油器浮子室放油螺钉，基本无燃油流出，拔出与负压开关负压端相连的负压软管，用嘴对其施加负压，负压开关出油端下油顺畅。再行启动发动机，一打便着，乘骑约300m，故障再现。停车支起中撑，打开燃油箱盖检查，燃油箱内存油约一半，油箱盖通气孔也无堵塞现象 拆下火花塞，使用气缸压力表检查气缸压缩压力，大约为9.5kg/cm²（1kg/cm²=0.098MPa）左右，基本正常。顺便又检查了负压开关的工作性能，未见异常 拔下化油器空气截止阀与进气管的连通软管后，拆下进气管，发现在进气管负压接头管孔内有一缕细纱堵在里面。设法疏通、清洁进气管负压接头孔内的异物，复装所拆零件。将负压开关上的负压软管拔出，对其施加负压约10s，使燃油箱内的燃油流至化油器浮子室后，再套上负压开关负压端接头并用卡簧卡牢。在冷机状态启动发动机，一次成功。稍作暖车，上路乘骑约3km，摩托车行驶正常，故障排除
故障原因	进气管负压接头管孔堵塞
故障解决	清除异物，故障排除

（2）高速阶段加速不良（表2-58）

表 2-58 高速阶段加速不良

故障现象	低、中速行车正常，一旦油门加大，达到高速阶段便有加不上油的感觉，偶尔还有闷车现象

续表

故障诊断	首先检查化油器，旋松化油器浮子室放油螺钉，使浮子室放油管置于化油器本体与浮子室结合面之间上下移动，其油面正好在化油器本体与浮子室结合面向下 2mm 处，说明化油器浮子室油面基本正常 　　拆下化油器，仔细检查化油器主量孔和空气量孔，确认没有堵塞现象后，重新安装 　　接着检查发动机的配气正时和气门间隙，没有发现任何异常 　　将火花塞套到高压阻尼帽内，对准发动机上火花塞进行跳火试验，检查发动机高速阶段的点火性能，也未见异常 　　根据内燃机原理分析推断，该摩托车无高速的原因应在发动机进气部分。于是，维修人员从车上拆下空气滤清器，反复仔细检查发现，空气滤清器进口内腔的海绵体与壳体出现脱离现象，且呈不固定状态。空气滤清器进气口的内径通常都按照发动机最大功率时的进气量，经过严格计算得来。若空气滤清器进气口口径过大，则混合气在发动机高速阶段变稀，满足不了高速阶段需要浓混合气的要求，摩托车当然就无高速了 　　用高压空气吹净海绵体灰尘，重新固定海绵体。启动发动机，稍作暖车，上路行驶 2km，逐渐加大油门，摩托车达到 85km/h 以上，故障排除
故障原因	空气滤清器进口内腔的海绵体与壳体出现脱离
故障解决	重新固定空气滤清器进口内腔的海绵体

（3）起步加速时发动机无力（表2-59）

表 2-59　起步加速时发动机无力

故障现象	冷启动容易，预热后怠速稳定，但需要加速起步时发动机无力，有熄火的感觉
故障诊断	❶ 先将气缸头拆下，清理内部积炭，并做一个渗漏测试。发现排气门有些渗漏，研磨后正常（如下图所示） 修复排气门

故障诊断	❷ 检查进气门时发现进气门柄上附着少量积炭，需要一起清除（如下图所示）  清除进气门积炭 ❸ 装配复原时，考虑到进气门积炭的现象，重点查看了凸轮轴上的时规轮与凸轮轴的配合状况，发现有移位现象（如下图所示）  检查时规轮 ❹ 复原车辆后试车，故障依旧，再次对发动机进行检查，在化油器与气缸头的橡胶弯头上发现有裂纹（如下图所示）  故障位置

续表

故障诊断	❺ 将弯头取下，发现黄铜负压管有点松动，用手一拔，能轻易取下。难怪冷车加不上油，这是由于车凉，混合气偏稀，加上此处密封不严，混合气就更稀了，所以总有那么点加油熄火的感觉。把此处黄铜管重新安装，并用玻璃胶密封后，故障终于排除。其后行驶了 2km，一切正常，故障排除
故障原因	化油器与气缸头的橡胶弯头上发现有裂纹
故障解决	重新安装并且密封

（4）进气管漏气故障（表2-60）

表 2-60　进气管漏气故障

故障现象	在正常启动时，不关闭阻风门无法启动，关闭阻风门后可勉强启动，但在行驶中若打开阻风门则回速性能变差，车速也随之慢慢降低
故障诊断	根据上述故障原因分析，最常见的故障原因应是化油器供给混合气过稀，而造成混合气过稀的主要原因有以下几点： ❶ 化油器浮子室油面过低； ❷ 空气调节螺钉调整不当； ❸ 化油器主喷油针位置太低； ❹ 化油器主喷嘴或油道被堵塞； ❺ 化油器与气缸盖接合处漏气 拆下该车化油器分解检查，首先重新调整化油器针阀高度，同时用喷洗液清洗各油路管道和主喷嘴，并重新调整主喷油针的合理位置，重装化油器并试车，故障现象仍在 再次检查时发现发动机运转时，气缸进气口处发出"噗噗"的漏气声响，并在化油器与气缸接合处有汽油湿润痕迹，说明进气口存在漏气问题，更换进气口垫片并将螺栓固定，复原车辆。启动发动机，上路试车，一切正常，故障排除
故障原因	进气管与气缸进气口漏气
故障解决	更换垫片，重新紧固螺栓

（5）摩托车无法加速（表2-61）

表 2-61　摩托车无法加速

故障现象	摩托车无法加速
故障诊断	清除排气口、排气管、消声器处的积炭 　检查点火电路，更换新的火花塞及火花塞帽试验，看能否排除故障，检查点火开关，如有进水或胶木烧焦现象，则会影响点火；检查火花塞裙部和电极上是否有油污和积炭较多，如果是，说明混合气过浓，应着重检查空气滤清器是否堵塞，主喷油针和主喷孔是否磨损较多，浮子室油平面是否过高，启动柱塞是否回不到位。检查火花塞裙部是否干燥、呈白色，如果是，说明混合气过稀，应进一步检查曲轴油封是否漏气，以及化油器与气缸或曲轴箱的结合处是否漏气。取下火花塞，踏动启动蹬，将手指插入火花塞孔内检查气缸的压缩性是否良好
故障原因	点火系统元件有问题，中、高速时不能正常点火；混合气过浓或过稀，压缩不良
故障解决	修复或更换故障零部件

2.7　润滑与冷却系统

2.7.1　润滑系统的作用

发动机工作时，各运动部件的运转必须克服摩擦力。尤其是相互接触的运动部件表面，在这种摩擦力的作用下，会产生一定的摩擦损失功率，摩擦产生的热量，加速了运动部件的表面磨损，影响发动机的使用寿命。为减少摩擦带来的不利影响，延长发动机的寿命，必须对每个运动部件的表面进行润滑。

2.7.2　冷却系统

发动机运转时，活塞、气缸、气缸盖、进气门、排气门、火花塞等零件由于直接与高温的燃气接触，温度很高，如不采取措施进行冷却会造成发动机过热，零件的热应力增加，造成零件的热疲劳损坏，同时也会使零件的刚度和强度降低，严重时产生拉缸、机械损坏等故障。

要使发动机能进行正常的运转，必须对发动机进行冷却。冷却系统的功能主要是及时将温度相对过高的零件的热量吸收，使其温度保持在正常的工作范围内，以保证发动机的可靠运转。

摩托车发动机的冷却方式有风冷和液体冷却两大类。风冷又分为自然风冷和强制风冷。液体冷却分为水冷、油冷。骑式摩托车广泛采用自然风冷。坐式摩托车一般采用强制风冷。较为高档的大、中型摩托车采用水冷。少数运动型的摩托车采用油冷。

2.7.3　常见故障及原因分析

（1）发动机温度上升过快（表2-62）

表 2-62　发动机温度上升过快

故障现象	发动机温度上升过快，并伴随曲轴箱润滑油发乳白色
故障诊断	先支起摩托车中撑，在冷车状态打开散热器盖，检查冷却液液位，正常 在不装散热器盖的情况下启动发动机，检查冷却系统是否存在冒气泡现象，未见异常。再缓慢加大油门，使发动机转速逐渐升高，散热器加水口体仍然不见有气泡冒出，说明气缸盖与气缸体之间的密封正常 按照机械原理分析，润滑油里如果混入了冷却液才会造成此类故障 可能是水泵的动静环严重磨损，且水泵泄水孔堵塞，使冷却液透过动静环机械密封面渗入曲轴箱润滑油内。打开右曲轴箱盖，设法将自来水接上水泵进水口，稍拧开自来水龙头［压力只能在0.5～1.0kgf/cm²（1kg/cm²=0.098MPa）之间，否则，过大的水压会冲开水泵的动静环机械密封］，检查右曲轴箱内侧水泵并未发现有漏水现象，水泵泵体泄水孔也不堵塞 冷却系统与发动机润滑系统连接之处除了气缸盖与气缸体结合外，只有气缸盖水堵与冷却系统相通，怀疑是该水闷塞因各种原因出现松动，或者水堵上的密封胶失效等意外因素导致。打开气缸盖罩壳，仍然采用将自来水接上水泵进水口，拧开自来水龙头，使用手电筒对准气缸盖水堵处仔细观察，果然发现水堵螺纹处有少量的冷却液缓慢渗出，这些冷却液被混进曲轴箱润滑油内，因机油乳化变质，使其润滑效果下降，故而又造成发动机过热现象，找到故障点

续表

故障诊断	拆下凸轮轴组件，旋松水堵，涂上密封胶液，安装气缸盖。待24h密封胶液凝固后，复原车辆，启动发动机上路连续行驶约25km，摩托车仪表盘上的水温指示针一直在中间位置，1周后进行回访，故障未现，故障排除
故障原因	气缸盖水堵漏冷却液
故障解决	重新密封气缸盖水堵

（2）双缸摩托车发动机热机后左缸严重过热（表2-63）

表2-63 双缸摩托车发动机热机后左缸严重过热

故障现象	发动机热机后左缸严重过热，动力急剧下降
故障诊断	根据该发动机左缸经常发生过热现象，应该与左缸的润滑系统不正常有关 打开气缸盖罩，启动发动机，观察缸头凸轮轴两端的机油来油情况，基本与正常发动机一样。再次拆卸气缸体，仔细观察左缸与活塞裙部的磨损情况，缸筒内壁机油不太多，活塞裙部有明显的一条条拉的痕迹，将左缸连杆小头做提拉动作，感觉连杆大头间隙较大，使用聚光手电筒照看，用塞尺检查左缸连杆大头与曲柄轴拐之间的间隙，已达到磨损极限值0.75mm（标准间隙值为0.10～0.40mm） 由此说明，润滑系统中流向左缸的润滑油确实存在严重供油不足。分解发动机，拆卸曲轴箱组件，取出曲轴、变速器齿轮及拨叉等零部件，检查左曲轴箱润滑油路。用机油从左箱体油道（靠近输油盘进油孔）处注入适量机油，稍等片刻，机油便从输油盘与左箱体结合面处溢出，而输油盘出油口出油较少，说明此处存在泄漏现象 拆卸紧固输油盘的十字槽沉头螺钉，取出输油盘查看，装在左箱出油槽中的O形密封圈完好无损。再仔细检查发现，O形密封圈平面高度好像低于左箱体出油槽平面。持数显游标卡尺（带深度标尺）测量左箱体出油槽深度，其出油槽深度为3.5mm，O形密封圈的橡胶材料直径为3mm，显然，左曲轴箱体油槽深度被加工过深

续表

故障诊断	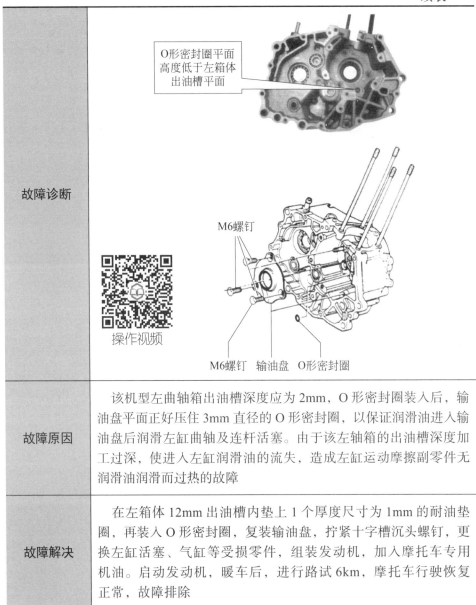
故障原因	该机型左曲轴箱出油槽深度应为 2mm，O 形密封圈装入后，输油盘平面正好压住 3mm 直径的 O 形密封圈，以保证润滑油进入输油盘后润滑左缸曲轴及连杆活塞。由于该左轴箱的出油槽深度加工过深，使进入左缸润滑油的流失，造成左缸运动摩擦副零件无润滑油润滑而过热的故障
故障解决	在左箱体 12mm 出油槽内垫上 1 个厚度尺寸为 1mm 的耐油垫圈，再装入 O 形密封圈，复装输油盘，拧紧十字槽沉头螺钉，更换左缸活塞、气缸等受损零件，组装发动机，加入摩托车专用机油。启动发动机，暖车后，进行路试 6km，摩托车行驶恢复正常，故障排除

（3）水泵不工作导致发动机过热（表2-64）

表 2-64　水泵不工作导致发动机过热

故障现象	摩托车仪表盘上的水温指示针很快到达红色线并一直停留在此区域

故障诊断	支起摩托车中撑，在冷车状态打开散热器盖，发现冷却液严重不足，补充冷却液至加水口体 启动发动机，上路行驶不久便出现用户所述的过热现象。仔细分析故障，一般情况下，造成水冷发动机过热的原因有： ❶ 冷却系统堵塞； ❷ 节温器失灵； ❸ 温控开关及风扇电机故障； ❹ 冷却液量不足或冷却系统存在泄漏； ❺ 水泵泵水能力下降等 停车检查散热器盖的蒸气阀的工作性能，未见任何异常。查看散热器冷却液容量，基本没有变化，在发动机充分冷却后打开散热器盖，启动发动机，仔细观察散热器加水口内，发现没有水的小循环 分解发动机，打开右曲轴箱盖，仔细检查发现水泵轴端的叉口已经严重磨损，一侧基本被磨平，造成水泵停止工作，机温急剧升高，引起散热器盖内的蒸气阀提前打开，冷却液喷入备用水箱内（如下图所示）  水泵轴端的叉口损坏 损坏的水泵轴  正常的水泵轴端叉口 正常的水泵轴

续表

故障诊断	故障查明原因后，更换水泵轴 　　接着检查冷却系统的所有水管路，向散热器及储备水箱补充足够的冷却液，并放尽冷却系统内的空气 　　复装所拆零部件，启动发动机，稍作暖车后上路行驶5km，未见发动机过热现象重现，确认原车故障被彻底排除
故障原因	水泵轴损坏
故障解决	更换水泵轴

（4）行驶时发动机过热（表2-65）

表 2-65　行驶时发动机过热

故障现象	行驶时发动机过热
故障诊断	发动机工作条件不良，润滑系统、点火系统、燃油系统工作不正常，气门漏气、燃烧室压力过高以及离合器打滑等都会引起发动机过热 　　检查化油器浮子室油位、机油泵的工作性能，更换了专用润滑油和火花塞，但发动机过热故障仍然存在 　　考虑到发动机过热是在更换新气缸盖后引起的，行驶不到1km，散热器盖上高压蒸气阀就打开，说明该机气道与水道有相通之处 　　分解发动机，拆下气缸体，检查其底平面，拿到平板上进行检测，其不平度达到0.15mm。在取气缸盖时，感觉该气缸盖重量与正常的气缸盖重量有明显的区别，将气缸盖放到电子秤与新气缸盖对比称重，故障发动机的气缸盖比新气缸盖竟然轻了近50g，更换上新气缸盖总成，重装发动机，启动车辆，上路试车10km，发动机过热故障没有再现，故障排除
故障原因	气缸盖平面不平
故障解决	更换气缸盖

（5）车辆行驶时水温过高（表2-66）

表 2-66　车辆行驶时水温过高

故障现象	车辆行驶时水温过高

故障诊断	启动发动机，热车后上路骑行，大约行驶 3km 后，摩托车仪表盘上的水温指示针到达红色区域，并持续高温 同时发动机噪声增大，车辆加速性能变差 降低车速后停车，待发动机及冷却系统完全冷却时，检查冷却液液位，正常，检查冷却系统水管道，未发现泄漏 如果气缸盖与气缸结合面之间存在泄漏，燃烧室内的高温气体就会泄漏到水道当中，从而引起发动机水温急剧升高。将摩托车中撑支起，待发动机充分冷却后，打开散热器盖。在此状态下，启动摩托车，在怠速情况下运转约 5min，然后缓慢加大油门，同时注意观察散热器进水口，未发现有任何气泡冒出，说明气缸盖底平面与气缸结合面之间密封良好，不存在泄漏 如果温控开关的电气线路存在故障，也会造成散热器冷却系统工作异常，而导致水温升高 接着检查总熔丝以及副熔丝（5A），未出现异常 检查插接器，未出现接触不良，电缆没有断线 使用跨接电线将温控开关的绿/黑与绿电线短路，然后将点火开关拨至 ON 位置，散热风扇没有工作；测量绿/黑与绿电线之间是否有蓄电池电压，结果电压正常。通过短路试验，散热风扇开始工作，说明温控开关存在故障。将温控开关从散热器上卸下，放入盛有 50%冷却液的容器内，逐渐提高液温，当温度达到（98±4）℃时，温控开关无导通性能 更换新的温控开关。复原车辆，路试行驶约 10km，发动机冷却系统恢复正常，故障排除
故障原因	温控开关故障
故障解决	更换温控开关

（6）发动机水垢堵塞导致发动机过热（表2-67）

表 2-67　发动机水垢堵塞导致发动机过热

故障现象	车辆行驶时水温过高
故障诊断	造成水冷发动机过热的原因有： ❶ 冷却液量不足或冷却系统存在泄漏； ❷ 水泵泵水能力下降； ❸ 节温器失灵； ❹ 冷却系统堵塞； ❺ 温控开关及风扇电机故障等

续表

故障诊断	支起摩托车中撑，在冷车状态打开散热器盖，检查冷却液液位，正常。旋上散热器盖，启动发动机，检查冷却系统无泄漏现象 在原地慢慢加大油门，使发动机转速逐渐升高，当摩托车仪表盘上的水温指示针瞬间到达红色区域时，散热器盖内的蒸气阀已打开。虽然冷却系统的电机风扇已工作，但仍不能将水温降下来，说明冷却系统的电气零件运转正常 询问车主保养情况得知：车主因地处偏僻，买不到防冻冷却液，在 6000km 保养时，将原车冷却液全部放光，以后一直使用普通的自来水作冷却液。据此可以推断，该车的循环冷却系统被水垢堵塞是产生发动机过热故障的主要原因 根据水冷发动机水腔的清洗方法，将 10% 的烧碱溶液从散热器加水口体处注入，同时放出储备水箱的冷却水。待浸泡 180min 后，将浸泡液慢慢放出，并用软水冲洗 2 ～ 3min，最后按技术标准加入防冻冷却液。启动发动机，稍作暖车后上路行驶 10km，未见发动机过热现象，故障排除
故障原因	水垢堵塞冷却系统
故障解决	清洗发动机水道

操作视频

第 3 章　发动机常见电控故障

3.1 点火系统

3.1.1　点火系统的作用

摩托车点火系统可分为有触点点火系统和无触点（CDI）点火系统。由于无触点点火系统与有触点点火系统相比，具有很多优越性，如点火提前角由脉冲传感器的位置决定，不受触点磨损的影响，点火可靠；点火电压上升快，有利于气缸内混合气的燃烧，启动性能好等，因此现在大部分摩托车都采用 CDI 点火系统。CDI 点火系统主要由点火电源线圈、脉冲发生器、电子点火器、点火开关、点火线圈（升压变压器，俗称高压包）和火花塞等组成。那么在整个点火系统中，只要其中一个部件有问题，就会导致整个点火系统不能正常工作或不能工作。

3.1.2　常见故障及原因分析

（1）无法启动车辆（表3-1）

表 3-1　无法启动车辆

故障现象	无法启动车辆
故障诊断	首先检查点火线圈，发现高压无火，说明该车是由于无高压电产生的故障，断开电子点火器的熄火线，仍无高压电，用万用表测量发电机黑/红点火充电线和红/白触发线，两线电压均正常，说明点火器已损坏 　　更换点火器后启动试车，发动机着车，着车后自然熄火，但再启动又不能着车，重新检查又无高压电。再次更换电子点火器，未装熄火线，启动着车工作正常，反复停车启动均正常，但是若将熄火线接上后，发动机着车仅 2min，再次启动后又不着车了，再检查仍是电子点火器损坏 　　使用万用表测量黑色的熄火线，当打开点火开关时，表针快速运动，转换直流挡，发现有 8V 电压存在，说明点火开关损坏，有直流电流入熄火线，更换点火开关和电子点火器，启动试车，故障排除
故障原因	点火开关和电子点火器
故障解决	更换点火开关和电子点火器

（2）熄火线故障（表3-2）

表 3-2　熄火线故障

故障现象	车辆启动后，不能使用点火开关熄火
故障诊断	这是典型的点火电路故障，因采用 CDI 摩托车点火电路，当发动机熄火时，点火开关在 OFF 位置，点火开关内的触点处于接通状态，这对触点的一端（绿线）与地相接，另一端（黑/白线）与电子点火器熄火线相接，由于黑/白线接地，使磁电机点火充电线圈对地短路，因此 CDI 不能正常工作 　　用万用表电阻挡检测点火开关两对触点通断情况，当开关处于开（ON）位置时，电源红线与黑线接通，黑/白线与绿线触点断开；反之当开关在关（OFF）位置时，红线与黑线触点断开，黑/白线与绿线触点接通；检查点火开关熄火线（黑/白）与 CDI 之间及绿线与地之间相接导线，无短路故障 　　启动发动机后关掉点火开关，发动机仍不能熄火，故障在于 CDI 的插座接触不良。用专用工具将 CDI 插座上的熄火线（黑/白）从插座上拆出，发现插座簧片已生锈，更换故障线束，关掉点火开关发动机立即熄火，故障排除
故障原因	CDI 的熄火线接头生锈
故障解决	更换 CDI 的熄火线

（3）摩托车行驶时出现动力不足、加速无力（表3-3）

表 3-3　摩托车行驶时出现动力不足、加速无力

故障现象	行驶时出现动力不足、加速无力
故障诊断	检查机油泵供油情况，机油泵工作良好，没有润滑不良现象 　　检查点火电路，用万用表电阻挡检查充电触发线圈，电阻在正常值范围内；做高压跳火试验，电弧可以拉到 5mm 以上，按说点火电路无故障 　　检查缸压，缸压正常 　　调整点火时间，故障仍未排除 　　用万用表检测点火充电线圈白线与一体化点火器插头之间直流电阻，为零，说明充电触发线圈与一体化点火器之间接触良好

续表

故障诊断	检测充电触发线圈中黑线与一体化点火器的钢片（与地之间）间的直流电阻，电阻为10Ω，说明一体化点火器接地不良，造成一体化点火器内电容器充电不足，晶体管不能完全导通。拆掉一体化点火器将车架上的黑漆刮掉，测量接触电阻，为零；试车，摩托车启动容易，加速仍不理想，但比原来动力强；检查磁电机转子的磁性强度，在转子磁铁上吸1把重约1kg的铁，将其悬空时，扳手立即掉了下来，说明磁性较弱，转子失磁严重 由于磁电机转子磁力较弱，充电触发线圈感应产生的交流电压较低，使一体化点火器内部的充电电容充电不足，一体化高压点火器放电电压较低，虽然它的电弧可以拉到5mm左右，但火花塞无法在缸体内完全点燃高温、高压混合气，使混合气燃烧不充分，发动机功率下降。更换磁电机转子，车辆行驶正常，故障排除
故障原因	搭铁不良、磁电机转子失磁
故障解决	重新处理搭铁点，更换磁电机转子

（4）发动机启动困难（表3-4）

表3-4　发动机启动困难

故障现象	发动机启动异常困难
故障诊断	开启化油器加浓阀，发动机有欲着现象，但依然不能顺利启动着火，偶尔发动机能够启动着火，发动机加速时消声器会发出"突、突"的排气声响，一收回油门，发动机就会马上自行熄火；检查时还注意到，发动机启动工况时，偶有发动机曲轴反转，反拖启动电机产生"咔、咔"异响声，明显带有发动机点火提前角过早的故障特征 摩托车配置使用的直流点火系统可靠性很高，也从未遇到过这种情况，于是进行了常规检查，经检查没有发现故障疑点，目标还是锁定在直流点火系统上。准备更换直流电子点火器进行对比检验，然而在取下车座时发现，直流电子点火器不是原装的，而是普通的直流电子点火器。询问摩托车用户得知，摩托车行驶途中发生故障，在某摩托车维修部进行检修时，更换了直流电子点火器，摩托车只正常使用了几天，以后就不能正常工作了，发动机越来越难启动着火，但因多次检查确认点火系统产生的高压点火电火花很强烈，也就没有往直流点火系统是否有故障方面想，

续表

故障诊断	现在发动机不但越来越启动困难, 更重要的是发动机在启动时常伴有"咔、咔"异响声, 明显是发动机点火提前角过早特征, 就不得不怀疑直流点火系统出了问题, 特别是直流电子点火器内的触发电路发生了故障, 改变了直流电子点火器的点火提前角, 使发动机点火提前角过早, 发动机也就不能正常工作了 　　更换原厂直流电子点火器, 发动机顺利启动着火, 怠速运转稳定, 加速灵敏, 特别是发动机启动工况中"咔、咔"的异响声彻底消失了, 故障排除
故障原因	电子点火器故障
故障解决	更换电子点火器

（5）车辆不好启动（表3-5）

表 3-5　车辆不好启动

故障现象	脚踏启动正常, 电启动不好启动车辆
故障诊断	按启动按钮, 启动电机发出有力的运转声, 需要多打几次才能启动; 脚踏启动, 一脚着车, 且怠速稳定, 行驶正常, 初步认定发动机各技术状况良好, 有可能是蓄电池电力不足所致 　　更换新蓄电池, 故障依旧 　　发现电启动较脚踏启动要慢些, 此车有可能是 CDI 充电线圈或点火线圈在低速下产生的电压不足所致, 在更换了新点火线圈后, 车辆顺利启动, 故障排除
故障原因	点火线圈故障
故障解决	更换点火线圈

（6）触点式点火系统故障（表3-6）

表 3-6　触点式点火系统故障

故障现象	火花塞不打火, 发动机不能启动
故障诊断	火花塞打火所需要的能量是由电机内的点火线圈供给的。电机的飞轮旋转时, 点火线圈产生电能, 并通过黑/白导线输送到点火线圈的初级, 电机内还安装有继电器和电容器。继电器、电容器和点火线圈三者并联

续表

故障诊断	当电机的飞轮旋转时，由于凸轮的作用，使继电器的触点时而张开，时而闭合。闭合时，点火电源线圈产生的电流通过触点形成回路，电机对点火线圈没有输出 到了点火时，触点张开，点火电源线圈产生的电压突然加到点火线圈初级，使之产生高压，从而使火花塞放电点火，继电器触点张开和闭合。给点火线圈提供一个脉冲电压。电容器的作用是吸收继电器触点断开时点火电源线圈产生的自感电压，从而保护继电器触点不被火花烧蚀 观察继电器的白金触点表面，测量触点间隙，若触点被烧蚀，或触点间有污物，可用白金砂条修磨，然后用干净的布条擦净污物，若间隙不对，应进行调整。标准的触点间隙为 0.3～0.4mm 用一根导线，一端接电机点火电源线圈的引线，另一端接点火线圈初级，踩踏启动板，若有火花，说明电机、点火线圈、火花塞是正常的，故障可能出在电缆上，应检查电缆中的黑/白线是否断路或短路，如有则需要排除。如没有火花，首先应检查点火线圈，其次应检查火花塞中是否有积炭，最后应检查电机的点火电源线圈有无短路或断路故障 将电容器与点火电源线圈，或电容器与点火线圈初级相连接的导线分开，用万用表电阻挡搭接电容器两端，在搭上的瞬间，表针应摆动，随后应慢慢地恢复到无穷大。如果表针摆动后不恢复到无穷大，说明电容器漏电或被击穿，应更换
故障原因	❶ 继电器的触点间隙不对或触点间有污物。触点间隙过大，超过点火凸轮的升程，那么在电机飞轮旋转时，触点就不能闭合。触点不能闭合和触点间有污物这两种情况，均会引起点火电源线圈产生的电流不能通过触点，电机对点火线圈的输出不是脉冲电压 ❷ 点火电源线圈到继电器触点的线路断路，也会使火花塞不点火。这种情况多半发生在导线与继电器上触点连接的地方，即连接松动 ❸ 电容器被击穿无法工作 ❹ 电机到点火电源线圈断路或短路 ❺ 点火线圈损坏或绝缘不良 ❻ 电缆中的点火线路断路或短路，断路故障多半发生在接头处 ❼ 短路故障多半发生在发动机的左罩处，即电机的导线通过左罩时，被左罩压伤从而短路 ❽ 火花塞积炭严重。积炭使火花塞中心电极与侧电极之间产生漏电。当点火线圈产生高压时，电流由炭层通过，不会使电极间产生火花

故障解决	修复或更换损坏的线路或零部件

（7）无触点式点火系统故障（表3-7）

表 **3-7**　无触点式点火系统故障

故障现象	无触点式点火系统故障
故障诊断	它的电机内只有一个用作充电兼触发的线圈，火花塞打火所需要的能量就是由这个线圈将电机飞轮旋转的机械能转换成电能而得来的。它产生的电能先通过 CDI 组件中的二极管以电能的形式储存在电容器内，点火时，定时电路产生触发信号使可控硅、点火线圈初级放电，点火线圈次级产生高压，使火花塞放电点火 发动机停转开关闭合时，按下启动按钮，发动机和点火系统同时工作。此时，电机和飞轮旋转，触发线圈产生触发信号，提供给晶体管点火器，使晶体管点火器产生由点火线圈到地的通路。点火线圈初级便有电流通过，其路径是：蓄电池正极→点火开关→发动机停转开关→点火线圈初级→晶体管点火器→蓄电池负极 点火线圈的次级感应出高压使火花塞打火。当蓄电池无电，点火开关接触不良，或发动机停转开关接触不良时，发动机均不能工作，点火系统也不能工作 用万用表检查电机触发线圈的电阻，应为 90 ～ 120 Ω。若不符合要求应更换触发线圈，检查时，万用表的两支表笔分别接电机的蓝线和绿线
故障原因	发动机曲轴转动，而火花塞不打火故障原因： ❶ 触发线圈断路或短路； ❷ 晶体管点火器损坏； ❸ 点火线圈损坏
故障解决	修复或更换损坏的线路或零部件

（8）火花塞故障（表3-8）

表 3-8　火花塞故障

故障现象	火花塞故障
故障诊断	（1）火花塞电极间有油污 当化油器油面过高，燃油混合比过浓或驾驶员操作不当时，均可造成火花塞电极间燃油过多，火花塞"淹死" （2）火花塞电极间粘有油脂、水滴 在组装发动机时，零件表面涂有许多润滑油及润滑脂，由于种种原因，使火花塞粘有油脂，雨天水路行驶或洗车时，化油器进水，使火花电极间粘有水滴，都会造成火花塞无法产生高压火花，发动机不能启动。排除的办法是把火花塞卸下，洗净，吹干或烧干，即可继续使用 （3）火花塞热室积炭过多 发动机工作一段时间，就会在火花塞电极周围及热室里产生较多黑色积炭，使火花塞过热，工作不稳定。严重时会把热室的空间填满，有时积炭粘在火花塞电极之间，形成导体，使火花塞无火，发动机不能运转 造成火花塞积炭过多的原因主要是混合油中机油比例过大，混合气过浓或曲轴左油封有漏机油的现象，以及火花塞间隙过小或选用了热型火塞 排除的办法是将火花塞放在汽油或煤油中浸泡半个小时，然后用竹签或旧钢锯条磨成似小刀形的刮具，刮除火花塞电极及热室内的积炭 （4）火花塞边缘电极折断 在没有备用火花塞的情况下，采取应急办法，将折断的火花塞边缘电极轻轻弯曲，使中心电极与之保持在规定的间隙，可以暂用
故障原因	❶火花塞电极间有油污 ❷火花塞电极间粘有油脂、水滴 ❸火花塞热室积炭过多 ❹火花塞边缘电极折断
故障解决	修复或更换火花塞

（9）发动机启动困难，行驶时有加不上油的感觉（表3-9）

表 3-9　发动机启动困难，行驶时有加不上油的感觉

故障现象	摩托车发动机启动困难，行驶时一间一断，有时排气管放炮，油耗增加，低速行驶时易熄火
故障诊断	拆下火花塞做跳火试验，发现火花塞火花不连续 ❶ 启动发动机，然后用手顺着点火系统线路逐个摇动插接器，摇到哪个地方，发动机断火，就说明哪个插接器接触不良，可将插接器的导电片抽出，用尖嘴钳夹扁一点，然后再插进去 ❷ 用白金砂条修磨触点，用干净的布块擦净触点间的污物，然后将触点间隙调为 0.3 ～ 0.4mm ❸ 将连接电容器的导线取下，用万用表电阻挡测量该导线与地的电阻，当点火开关位于"OFF"位置，或继电器触点闭合时，电阻应为零。如果电阻为无穷大，说明该连接导线有断路故障，应及时排除。
故障原因	造成火花不连续的原因有： ❶ 点火系统的插接器松动； ❷ 继电器的触点被烧蚀； ❸ 点火线圈接地不良； ❹ 连接电容器的线路断路，这时继电器的触点间会出现很强烈的火花，触点更易被烧蚀
故障解决	修复或更换损坏的线路或零部件

（10）火花过弱故障（表3-10）

表 3-10　火花过弱故障

故障现象	发动机冷车启动困难，有时热车也难启动，有时排气管放炮，有时有着火的征兆。发动机工作时无怠速，行驶时油耗增大
故障诊断	❶ 火花塞绝缘体裙部的炭层，在火花塞受潮以后，便是高压电的通路 当点火线圈产生高压时，一部分电流在电极间隙通过；另一部分由炭层通过，从而削弱了火花的强度。引起火花塞积炭严重的原因，第一是可燃混合气过浓；第二是火花塞的型号不符合规定的要求；第三是汽油内杂质过多，汽油燃烧后，这些杂质沉积于气缸和火花塞绝缘体裙部

故障诊断	检修时，可检查火花塞积炭是否严重。若积炭严重应清洗或更换，检查火花塞型号是否符合要求，铃木 TR125 型号为 BP6HS，若不符合要求，就应更换 ❷ 点火线圈间短路或绝缘不良，使点火线圈次级电压降低，或者说点火能量部分消耗在点火线圈上，因而使火花塞的火花减弱。另外，电机的充电线圈间短路，也会造成火花过弱，引起线圈间短路的原因是充电电流过大，导致线圈温升过高而烧坏 检修时，可拆下点火线圈的高压护帽，使高压端离气缸的散热片 5 ～ 8mm，踏启动杆时，高压线与气缸散热片间应有蓝色的火花跳过，并能听到"啪啪"的声音。如果没有以上情况，可更换一个点火线圈重新试验。更换点火线圈后如果还不正常，可拆开电机，检查充电触发线圈是否烧坏，用万用表检查线圈的电阻，如不符合要求，应更换电机或更换充电触发线圈 ❸ CDI 组件中的电容器漏电，电能部分消耗在 CDI 组件中，引起火花塞火花减弱。检修时可用万用表检查 CDI 组件，若不符合要求，应更换 ❹ 电路受潮引起漏电。发动机工作时，充电电压和 CDI 组件的放电电压可达数百伏。因此电路受潮后，漏电电流很大，会导致火花塞的火花减弱。这种情况一般在车辆被雨淋过或车辆用水洗刷过后发生 检修时，可检查电路是否受潮。如果受潮，可用干净的布块擦净导线、插接件连接处、CDI 组件、点火线圈等元件上的水，或等待车辆自然晾干后再使用
故障原因	❶ 火花塞绝缘体裙部的炭层 ❷ 点火线圈间短路或绝缘不良 ❸ CDI 组件中的电容器漏电 ❹ 电路受潮引起漏电
故障解决	修复或更换损坏的线路或零部件

（11）有触点式点火装置火花塞火花微弱（表3-11）

表 3-11　有触点式点火装置火花塞火花微弱

故障现象	发动机启动困难、启动后车辆加速无力
故障诊断	清理火花塞绝缘体裙部的油污和积炭，或换上新火花塞试一试 检查点火装置的电路连接，电路的连接应正确无误，牢固可靠 检查继电器触点是否有污损或烧蚀，如有污损或烧蚀，可用细油石或金刚砂纸清理抛光，严重烧蚀时应更换继电器。检查继电器触点间隙是否在规定的 0.3 ～ 0.4mm 范围内和点火提前角是否符合规定要求 检查电容器，当电容器严重漏电、击穿或内部开路时，应更换电容器 检查点火线圈，当次级绕组的电阻明显减小时，表明击穿损坏。为判断点火线圈是否有故障，也可换新点火线圈试一试 另外，飞轮磁铁严重失磁，飞轮磁铁与点火电源线圈铁芯相擦碰，以及击穿损坏时，也会使火花塞的电火花微弱
故障原因	❶ 火花塞有油污和积炭 ❷ 点火装置故障 ❸ 继电器触点污损或烧蚀 ❹ 电容器漏电、击穿或内部开路 ❺ 点火线圈故障 ❻ 飞轮磁铁严重失磁
故障解决	修复或更换损坏的线路或零部件

（12）点火线圈高压不跳火（表3-12）

表 3-12　点火线圈高压不跳火

故障现象	发动机不能启动

故障诊断	点火线圈高压不跳火，无法启动，这种故障首先要考虑点火线圈是否有故障 　将电池的一端接点火线圈低压引线，使点火线圈高压引线离发动机壳约1mm，然后将电池的另一端一下一下地搭铁，此时看高压引线是否跳火。如果跳火，则说明点火线圈、点火线圈线路、火花塞正常，否则不正常
故障原因	点火线圈、点火线圈线路、火花塞损坏
故障解决	修复或更换损坏的线路或零部件

（13）点火线圈故障（表3-13）

表3-13　点火线圈故障

故障现象	发动机不能启动、启动困难、发动机加速无力
故障诊断	❶ 点火线圈内部短路、开路或因负荷过大使线圈烧坏。发生该种故障后，火花塞不跳火，无法启动，在判定电机绕组确有交流电输出，电容器和火花塞完好的情况下，换上好的点火线圈，即可将故障排除 ❷ 点火线圈密封性能不好，受潮漏电。发生该故障后，一般一次踏动启动蹬杆不能启动，电机飞轮转子转速低，产生的电压也低，加上点火线圈本身已轻微漏电，因此输出的高压不足，火花塞不能跳火或火花太弱，发动机启动困难 　此时，可连续用力猛蹬启动蹬杆，使电机飞轮转子的转速加快，提高电机绕组的输出高压，那么点火线圈输出的高压也会随之升高，使火花塞跳火，发动机启动 　启动后，应保持发动机有一定的转速，车辆可正常工作，但油门不能关小，一旦关小，车辆便进入怠速状态，电机飞轮转子转速降低，点火线圈的输出高压不足，火花塞不能跳火或火花太弱，发动机便会自动熄火
故障原因	❶点火线圈内部短路、开路或因负荷过大使线圈烧坏 ❷点火线圈密封性能不好，受潮漏电
故障解决	修复或更换损坏的线路或零部件

3.2 启动系统

3.2.1 启动系统作用及工作原理

摩托车发动机在未启动之前是不能产生动力的，需要凭借外部的力量使发动机曲轴旋转，并通过连杆使活塞在气缸内运动，完成吸气、压缩、做功、排气一个工作循环后，发动机才能持续运转并不断输出动力。启动装置应具备的条件是：具有由启动轴到曲轴的增速机构，使曲轴达到一定的转速（瞬间转速一般为 600r/min），并使点火系统产生一定的高压电从而保证点火。此时启动机构应能自动脱离啮合，在发动机启动后，启动机构不再随发动机转动。

不同型号的摩托车，启动装置也不相同，通常分为脚踏启动装置、反冲启动装置和电启动装置三种。

① 脚踏启动装置：仅适用于轻便摩托车，如嘉陵牌、重庆牌、渭阳牌50型车等均采用了这种启动装置。特点是工作可靠，结构简单，操作方便，但启动力较大，不适合年老体弱者操作，目前采用得越来越少。

② 反冲启动装置：既适用于轻便摩托车又适用于大排量摩托车，如明星MX50型、建设JS50Q-2D型等轻便摩托车，嘉陵JH70型、重庆CY80型等大排量摩托车。特点是结构简单，工作可靠，操作方便，启动省力，对操作者无较高要求，目前被广泛采用。

③ 电启动装置：适用于大排量的摩托车，如铃木GT550型、GT750型、春兰虎、春兰豹等摩托车。特点是操纵方便省力，但要增加蓄电池和起动机等，工作可靠性差，维修保养复杂，随着科学技术的不断发展，存在的问题正在逐渐解决，这种启动方式已经广泛采用。

3.2.2 常见故障及原因分析

（1）车辆熄火后不能启动（表3-14）

表 3-14 车辆熄火后不能启动

故障现象	车辆熄火后不能启动
故障诊断	开启点火开关，踏启动杆检验，启动杆踏不动。旋下磁电机壳螺塞，使用套筒扳手转动磁电机转子紧固螺母，顺时针方向或逆时针方向均可转动曲轴，但是转动时感到特别沉重。再次踏启动

故障诊断	杆，启动杆可顺利地踏动，且回位良好，同样是踏启动杆感到特别沉重。根据故障现象和检查结果分析，很可能是电启动超越离合器损坏了，导致磁电机转动时，带动启动电机一同转动，所以转动曲轴和踏启动杆时感到特别沉重 打开磁电机壳，转动磁电机转子，确认电启动超越离合器已损坏，磁电机转动时带动启动电机一同转动 拆下磁电机转子，对电启动超越离合器进行检查，由于电启动超越离合器的3个紧固螺钉滑丝脱出，使电启动超越离合器损坏严重，并与磁电机转子卡死在一起，不能正常工作。更换新电启动超越离合器，踏启动杆，发动机顺利启动，运转正常，故障排除
故障原因	电启动超越离合器损坏
故障解决	更换电启动超越离合器

（2）有时启动困难（表3-15）

表3-15　有时启动困难

故障现象	有时启动困难，启动后有时有"放炮"
故障诊断	拆下火花塞，火花塞为黑色，更换新火花塞，故障依旧 检查进排气系统及化油器，不存在异常 对高压线做跳火试验，拧下高压线，把高压线对准火花塞末端的电极打火，发现"放炮"的同时有断火现象。依次替换CDI、点火线圈、转子和定子等，未能排除故障 拔下连接CDI的所有导线，用万用表电阻挡测量CDI到电启动开关的黑白线，一个表笔接黑白线，另一个表笔接地，电启动开关处于OFF位置时，电阻为0；电启动开关处于ON位置时，发现有几百欧姆的电阻，说明有漏电现象。剪断电锁的熄火线后，故障现象消失，故障的位置在电启动开关 更换电启动开关后，故障排除
故障原因	电启动开关内部的绝缘板采用普通的塑料制成，熄火线与接地线间的两个触点相近，在电锁关闭瞬间，总会在两个触点之间产生一些电火花，久而久之，使两个触点间塑料烧坏并炭化，形成一种半导体，产生漏电故障，使点火系统不能正常工作
故障解决	更换电启动开关

（3）起动机故障导致启动困难（表3-16）

表 3-16　起动机故障导致启动困难

故障现象	有时启动困难
故障诊断	检查点火电路，打开点火开关，用高压线对地做高压跳火试验，电火花强劲有力，且高压电弧可以拉到 10mm 以上，说明点火电路工作正常。安装火花塞，脚启动发动机，一次启动成功，表明摩托车的油路无故障。由此可判断电启动困难的原因为电启动机构存在故障 检查蓄电池，电压为 13V，正常 检查电启动按钮，用万用表直流电压挡检查启动继电器线圈电压，打开点火开关，手按电启动按钮，万用表显示直流电压为 12V 左右，同时能听见启动继电器电磁铁"嗒嗒"的吸合声，表明启动按钮、启动继电器工作正常 检查启动电机，用万用表直流电压挡检测启动电机引线与地电压，检测电压为 12.5V，说明启动继电器触点接触良好，启动继电器与启动电机引线间无故障。拆卸启动电机正极引线和启动电机，用万用表电阻挡，红表笔接启动电机正极，黑表笔接启动电机机壳。用手转动启动电机轴时，万用表指针不动，表明启动电机碳刷磨损、碳刷与启动电机整流子接触不良及整流子短路、断路 拆开启动电机，用卡尺检测碳刷长度，发现碳刷磨损严重，仅剩下不足 2mm 更换新的碳刷后，故障排除
故障原因	启动电机碳刷磨损严重，碳刷弹簧无法将碳刷与整流子间的距离调整到最佳状态，因此接触不良。碳刷粉末填充在整流子沟槽间，造成整流子间短路，使启动电机无法正常工作，启动电机转速低、转矩小，使发动机电启动困难
故障解决	更换新的碳刷

（4）起动机异响（表3-17）

表3-17 起动机异响

故障现象	起动机异响，起动机发出"沙沙"声响
故障诊断	检查超越离合器，无打滑现象 更换点火线圈、CDI，故障依旧 检查充电线圈，未发现故障。脚踏启动正常，怠速稳定，发动机本身应无问题，于是把目标锁定在电启动系统。反复电启动摩托车，发现飞轮转速过慢。用手摸电动机，感到太热。因蓄电池是新的，排除电压不足的可能，怀疑启动电机有故障。拆开启动电机检修，发现换向器的表面有严重的污损、烧蚀现象，电刷的长度明显变短，换向器接触不好。这些问题引起电流不畅，降低启动电机转速，以致不能启动。用细砂纸细致打磨换向器进行抛光，并更换了电刷后，复装试车，故障排除
故障原因	电刷磨损过大、启动电机换向器接触不良
故障解决	用细砂纸细致打磨换向器，更换电刷

（5）启动继电器故障（表3-18）

表3-18 启动继电器故障

故障现象	用脚启动一切正常，但无法用电启动。使用电启动时，能听到启动继电器动作声响，但启动电机不转
故障诊断	检查起动机电源线，发现该导线发热。按电启动开关，测量电机电源线有12.5V电压，正常 拆下启动电机并分解检查，未发现问题。装上启动电机和电源线，短接启动继电器的接线柱，启动电机即刻运转，表明启动继电器故障 分解启动继电器检查，发现有一个触点严重烧蚀。这无形中增大了接触电阻，而启动电机工作电流又比较大，所以必将产生较大电压降，使启动电机无法运转，导致启动电机电源线发热。更换启动继电器，电启动发动机，顺利启动，故障排除

续表

故障原因	启动继电器故障
故障解决	更换启动继电器

（6）搭铁不良故障（表3-19）

表 3-19　搭铁不良故障

故障现象	发动机启动异常困难，但经反复几次启动后，在行驶途中自行熄火
故障诊断	首先检查全车各电路连接线及连接插头处，均无断线、松动、脱落及接触不良问题 用万用表电阻挡测量触发线圈引出线，电阻值显示为 125Ω 左右，属于正常值。但在检测中却意外发现其触发线圈的接地线在搭铁处已产生严重氧化铁锈污物，当即加以剪掉并重新清除污迹后再搭铁接地，并紧固固定螺栓。为验证是否触发线圈中性搭铁线接触不良，打开点开关后把点火线圈加接引线进行对地测试跳火，电火花持续强烈，说明启动异常及中途行驶时自动熄火故障是由于触发线圈的中性接地搭铁线接触不良所引起的 复原车辆，试车，故障排除
故障原因	触发线圈搭铁不良
故障解决	修复故障位置

（7）起动机进水故障（表3-20）

表 3-20　起动机进水故障

故障现象	踏启动杆，发动机无法启动，按电启动按钮，电启动机构也不能工作
故障诊断	检查发现摩托车进气阀座橡胶破损，进气阀漏气，更换阀座橡胶后，脚启动正常，但电启动仍无法启动 用万用表电阻挡检查电启动按钮及脚、手制动开关，启动继电器电磁线圈电阻为4Ω，直接通电检查启动电机，电机仍不能工作。解体启动电机，发现碳刷与整流子接触良好，用万用表电阻

续表

故障诊断	挡检查启动电机转子线圈，测量相邻整流子之间的线圈电阻，电阻值为 0，说明转子线圈短路 经检查，发现启动电机定子缺少了 O 形密封圈，摩托车后轮转动时将水甩进了启动电机，使转子线圈受潮，线圈绝缘下降引发短路，启动电机不能工作 更换起动机，试车，故障排除
故障原因	起动机内部进水
故障解决	更换起动机

（8）超越离合器故障导致启动困难（表3-21）

表 3-21　超越离合器故障导致启动困难

故障现象	车辆启动困难
故障诊断	冷车状态时，使用电启动装置启动车辆，未能成功，试着将怠速混合气螺钉向外旋出约 1/2 圈，仍无法启动发动机 检查点火系统及电气线束插件，连接良好，拆下火花塞试火，火花强烈，其电极颜色呈棕红色，说明点火系统正常 检查化油器油位，拧松左、右缸化油器浮子室放油螺钉，将化油器溢油软管端口朝上，其燃油在化油器本体和浮子室结合面向下约 2mm 处冒出，油位正常 拆卸曲轴箱左盖，使用 19mm 套筒扳手旋转曲轴，使活塞处于压缩冲程结束时的位置，将进、排气摇臂轴组件向外侧移至凸轮轴基圆时停止，以此位置为基准，再将其向内侧移动标尺刻线的一格，拧紧其正时紧固螺钉。再次启动发动机时，突然出现"咔嚓"一声异响，曲轴停止转动。再按启动按钮，听到启动电机在转，但曲轴不能转动，估计是超越离合器出了问题 分解发动机检查发现，装在曲轴右端磁电机飞轮后面的超越离合器三个紧定螺钉全部断裂。设法取出断裂的紧定螺钉，装上新螺钉，复原车辆，启动摩托车十分容易，确认原车难启动故障被排除
故障原因	超越离合器三颗紧定螺钉断裂
故障解决	更换超越离合器三颗紧定螺钉

（9）脚踏启动常见的故障（表3-22）

表 3-22　脚踏启动常见的故障

故障现象	❶ 启动杆打滑 ❷ 启动杆不回位
故障诊断	（1）启动杆打滑 　　在具备发动机能顺利启动的条件下，若蹬踩启动杆，不能带动发动机曲轴转动，说明启动杆打滑。产生这种故障的主要原因是：启动棘轮机构损坏、传动机件过度磨损或传动齿轮损坏等。这时应分解启动机构，仔细检查各零件有否磨损，若有，必须更换损坏零件 　　（2）启动杆不回位 　　启动杆踩下后不能退回到原来的正常位置，这是由于启动轴回位弹簧安装不当，回转的角度不足，没有预紧力，造成启动杆回位无力，或回位弹簧长期使用造成弹力不足，所以不能回到正常位置。如果回位弹簧折断，则启动杆无法回位。遇到这种情况，检查回位弹簧是否安装不当或折断，若有，应正确安装回位弹簧或更换回位弹簧，否则应检查启动轴有无变形，若其变形会使其与曲轴箱侧盖和变速器壳壁间滞阻，在回位弹簧作用下，启动杆无法回到正常的位置，这时应对弯曲变形的启动轴进行校正修理或更换新件 　　若上述情况正常，应卸下变速器右侧盖，必要时将变速器全部分解，若启动齿轮内的啮合棘轮轮齿磨损，应更换启动齿轮；若棘爪弹簧折断，使棘爪不能与棘轮啮合，应更换弹簧；若启动杆与轴的配合间隙过大，应更换新件
故障原因	啮合元件磨损过剧，或启动杆与启动轴配合的孔磨损过大，引起配合松旷，而造成启动杆自由行程过大。若采用的是启动机启动方式，则故障是由起动机和传动齿轮引起的。传动齿轮的常见故障一般是淬火不良、磨损严重或崩齿
故障解决	更换损坏的零件

（10）电启动不工作常见的故障（表3-23）

表3-23　电启动不工作常见的故障

故障现象	❶ 蓄电池损坏及充电部分和熔丝工作异常 ❷ 启动继电器损坏 ❸ 启动电机损坏
故障诊断	首先打开车的总开关，按喇叭，听声响是否洪亮，若喇叭声响洪亮，说明蓄电池、熔丝及充电部分工作正常；反之，说明故障就在此处，应检查排除蓄电池、熔丝及充电部分故障 　接着再检查启动继电器，操作制动器后按启动按钮，听启动继电器有无"嗒嗒"声响，若有，说明启动按钮和启动继电器工作正常，但不能说明工作导通性良好；若无，说明启动按钮和启动继电器有故障，应逐个检查并排除故障 　在以上各电气元件正常时再使用短接法检查。注意：短接法在以上各电器元件工作正常的情况下使用方可有效，否则即使查出启动电机有问题，更换新品后也并不能完全排除该车故障 　短接方法是：拆下启动电机与启动继电器的接线头，使拆下的接线头短接于蓄电池正极，然后观察启动电机是否运转正常，若运转说明启动电机无故障；若不运转，说明启动电机有故障，应排除或更换，至此该车的电启动故障彻底排除
故障原因	零件正常使用损坏、意外损坏、涉水损坏
故障解决	更换损坏的零件

（11）起动机不工作故障（表3-24）

表3-24　起动机不工作故障

故障现象	起动机不工作
故障诊断	起动机不工作有两种情况：一种是能听到启动继电器的声音，表明控制线路没有故障；另一种是听不到启动继电器工作的声音，说明启动继电器线圈的控制回路有问题 　（1）起动机不工作，但能听到启动继电器工作的声音 ❶ 连接起动机的导线是否松动。如果松动，可加以紧固 ❷ 启动继电器的触点接触不良。检修时可打开启动继电器盖，检查触点是否有烧蚀、污损或氧化现象。如果有，应修理或更换

续表

故障诊断	（2）起动机和启动继电器均不工作 ❶ 蓄电池的电量不足，或熔丝熔断。检修时，应首先检查这两种故障产生的可能性。熔丝若熔断应更换。检查蓄电池电量可操纵转向开关，或按喇叭按钮。如果蓄电池电量不足，应对蓄电池进行充电 ❷ 点火开关未接通或发动机停转开关未接通。此时应检查自己的操纵方法是否正确。启动发动机时，应握住离合器把手，使发动机曲轴与变速器转动部分脱开，以减少发动机的负载，从而可靠地启动发动机。启动时应按正确的方法操作 ❸ 启动继电器的线圈断路。检修时可握住离合器把手，用一根导线一端接蓄电池正极，另一端接启动继电器线圈，启动继电器应工作，否则应更换启动继电器 ❹ 启动按钮接触不良，可检查发动机停转开关及启动按钮的触点有无锈蚀，如果有，应修磨触点达到使用要求 ❺ 离合器联锁开关未接通。检修时，可检查离合器开关的通断，握住离合器把手时，开关应通；释放把手时，开关应不通，如不符合要求，应修理或更换
故障原因	（1）起动机不工作，但能听到启动继电器工作的声音 ❶ 连接起动机的导线松动 ❷ 启动继电器的触点接触不良 ❸ 起动机有故障 （2）起动机和启动继电器均不工作 ❶ 蓄电池的电量不足，或熔丝熔断 ❷ 点火开关未接通，或发动机停转开关未接通 ❸ 启动继电器的线圈断路 ❹ 启动按钮接触不良 ❺ 离合器联锁开关未接通
故障解决	修复或更换损坏的线路或零部件

（12）摩托车启动电机不转或动作迟缓（表3-25）

表 **3-25**　摩托车启动电机不转或动作迟缓

故障现象	按下启动按钮，电机不转或动作迟缓，不能启动

续表

故障原因	造成这种故障，一般是电机有故障，或者是电路部分有故障 电机的故障一般有如下几种： ❶ 碳刷弹簧损伤或折断； ❷ 碳刷损伤或严重磨损； ❸ 整流器表面有斑点、裂缝或凹凸不平，可用细砂布进行研磨 整流器表面有过热烧损现象，可放在车床上对整流器表面进行加工，加工后要用锯条或其他相对绝缘体进行修整，使其低于金属表面约3mm 电路部分的故障一般有： ❶ 熔丝熔断； ❷ 点火开关损坏； ❸ 电动按钮接触不良； ❹ 启动继电器接触不良或动作不灵； ❺ 电路断路或短路； ❻ 紧急熄火开关发生故障； ❼ 蓄电池充电不足
故障解决	修复或更换损坏的线路或零部件

（13）摩托车启动时打滑（表3-26）

表3-26　摩托车启动时打滑

故障现象	摩托车启动时打滑
故障诊断	检查啮合弹簧的弹性是否减弱，自由长度是否低于20mm。若低于20mm，应更换 检查棘轮、启动齿轮的锯齿是否磨损。若磨损严重，应更换 检查启动杆的位置，自由状态下，启动杆应稍偏离铅垂线一点若偏离铅垂线过多，应重新安装。安装时，应注意棘轮和启动轴上的冲印标记应相互对准
故障原因	❶ 棘轮齿爪轴向斜角磨损严重，啮合弹簧力不足。新的棘轮齿爪有3°～5°的轴向斜角，齿高只有2.5mm，磨损越大，斜角越大，齿高越小，接合的牢靠性便越小；弹簧力越大，接合的牢靠性越大。反之则容易出现打滑

续表

故障原因	❷ 操作和启动臂安装位置不当。操作宜先轻后重，切忌一踩到踏板便用尽全力。操作不得当，会造成打滑，有时还会带动曲轴实现点火 踏臂初始位置，宜装于铅垂线稍后一点，不宜趋于水平
故障解决	修复或更换损坏的零部件

（14）启动有响声（表3-27）

表 3-27　启动有响声

故障现象	踏动启动臂启动时，即有响声，发动机启动后，启动轴虽已回位，响声仍然存在，且连续不断
故障诊断	拆出右箱壳，检查传动齿，如发现主动齿或从动齿的轮齿已损坏，则拆下更换。暂时无适合零件可配时，将其中一个齿拆下，便无声音 离合器在转动时，检查是否有因零件损坏而产生碰击现象 检查曲轴箱和电机部分是否有碰击响声 用手转动启动轴和变速轴，如发出响声，应解体曲轴箱细心检查。检查时请特别注意棘轮及变速轴在空挡时仍然转动的齿轮的损伤情况。发现齿面损伤，轮齿断裂，应更换。对棘轮机构，还要转动启动轴，观察棘轮的运转规律，在启动回到原位置时，棘轮爪与启动齿上的端面爪能彻底分开
故障原因	❶ 启动棘轮上的凸块，或控制棘轮运动的棘轮导板，严重磨损，启动后启动轴虽恢复原位，但棘轮爪仍然不能分开，因而产生响声 ❷ 变速器、离合器零件损坏，使转动时产生碰击，发出响声 ❸ 由曲轴所带动的转速表传动齿损坏，不能正常传动，主动齿相互碰击而发出声响 ❹ 电机、曲轴箱有零件损坏，在转动时产生碰击声音
故障解决	修复或更换损坏的零部件

（15）启动蹬杆不回位（表3-28）

表3-28　启动蹬杆不回位

故障现象	启动蹬杆不回位
故障诊断	用手抓住启动蹬杆，转动启动轴，感觉启动轴是否有轴向窜动量，在哪个范围内转动不灵活 如果启动轴转动灵活，就是不能回位，则可能是启动回位弹簧的定位销脱落或回位弹簧没有挂上，或是回位弹簧折断。出现这种情况时，应拆下发动机右罩，观察定位销是否脱落，回位弹簧是否滑脱。如果定位销脱落或是回位弹簧滑脱，应找出定位销，并装上，挂上回位弹簧 如果启动蹬杆能弹回，但回位不彻底，而用手转动启动轴，启动轴转动灵活，出现这种情况时，一般是由于启动回位弹簧失效，或是由于启动回位弹簧没有预压缩量引起的。可拆开发动机右罩，用尖嘴钳夹住启动回位弹簧的挂钩处多转一圈挂上，使回位弹簧有一定的预压缩量。如果回位弹簧没有什么弹性，应更换 如果启动轴没有轴向窜动量，用手转动启动轴，感到很费劲，说明启动轴与壳体的摩擦阻力很大，出现这种情况时，应拆开发动机右罩，将启动装置抽出来，检查右机体及右罩上装启动轴的孔及其端面是否有磨痕，有无脏物，从而初步断定摩擦阻力来自何方 如果安装启动轴的孔及端面有磨痕，可用砂布打磨光，用汽油清洗干净，再装配复原。如果启动轴无轴向窜动量，且通过测量也证明无窜动量（测量方法是：先测出右机体右端到启动轴孔的长度，右罩端面到启动轴孔端面的长度，右机体与右罩之间的密封垫片的厚度，算出它们的总和，然后再测出启动轴凸台端面到挡圈槽的长度，挡圈、垫圈以及定位套的厚度，算出它们的总和，前者大于后者，说明有窜动量，后者大于前者，说明无窜动量），出现这种情况时，可选用一个比较薄一点的垫圈代替，使启动轴组合有 $0.06 \sim 1.2mm$ 的轴向窜动量，最后将发动机右罩装上，即可排除故障
故障原因	启动杆踩下后，启动回位弹簧受到压缩，当脚离开启动杆后，启动杆在回位弹簧的作用下回位。启动杆不回位有以下原因 ❶ 启动回位弹簧的定位销脱落，或回位弹簧没有挂在定位销上，使启动回位弹簧不起作用

续表

故障原因	❷ 回位弹簧折断 ❸ 启动轴与壳体的摩擦力比较大，启动回位弹簧的回弹力不能克服摩擦力使启动蹬杆回位，摩擦力来自两个方向：一是启动轴无轴向窜动量，启动轴端面与发动机右机体和右罩之间产生摩擦力；二是启动轴轴颈与壳体上的支撑孔之间产生摩擦力
故障解决	修复或更换损坏的零部件

（16）启动杆回位不彻底（表3-29）

表3-29　启动杆回位不彻底

故障现象	启动后启动杆回位不彻底，有响声，用脚将启动杆钩起响声消失
故障诊断	更换启动弹簧后，回位仍不彻底，这是因为棘轮装入启动轴花键上的位置不当，以致在棘轮上的限位块到达箱壳上的止动块时，回位弹簧还松弛，因此，启动后弹力不足以使棘轮回到止动位置，使棘轮与斜面作用向左滑移的位置减小，棘爪不能分离 拆开发动机，重新装配棘轮和启动弹簧。在将棘轮装入花键时，再向弹簧扭紧的方向多转几个齿，弹力弱的，还要向扭紧方向多转一两个齿后装入。这样，回位能彻底解决
故障原因	棘轮装入启动轴花键上的位置不当
故障解决	重新装配棘轮和启动弹簧

操作视频

第4章 发动机常见综合故障

（1）发动机不能启动

在环境温度为 −5 ～ 30℃的情况下，做好发动机启动前的准备工作后，若启动方法正确，而启动时间超过15s，则称为发动机不能启动。

① 发动机不启动的原因：火花塞跳火太弱或不跳火；可燃混合气未能进入气缸；气缸压缩压力不足。

② 诊断与排除方法。诊断这种故障时，首先要判明故障所在系统，然后在该系统内进行检查，查明故障所在部位，再排除。

判明故障所在系统，一般先从点火系统入手（因点火系统故障率较高）。首先检查点火系统的技术状况是否正常，若正常，再检查供油系统是否存在故障，最后考虑发动机内部的机械故障。

③ 发动机不能启动的诊断故障排除见表4-1。

表 4-1 发动机不能启动的诊断故障排除

序号	检查方法	现象	故障原因及检查
❶	启动发动机试验	有发动征兆	点火系统高压电路故障
		无发动征兆	拆下火花塞做跳火试验
❷	跳火试验	无火花或火花太弱	点火系统故障或火花间隙太小
		火花强，仍不能启动	检查供油系统
❸	向气缸内滴入少量燃油后，再做启动试验	能启动	供油系统故障
		不能启动	检查气缸压缩压力和可燃混合气浓度
❹	拆下火花塞察看	火花塞潮湿"淹死"	供油系统故障或启动方法不正确
		火花塞干燥	检查气缸压缩压力
❺	装上气缸压力表	压缩压力 <9bar（1bar=10^5Pa）	发动机内部机械故障

(1) 火花塞跳火太弱或不跳火故障诊断			
序号	检查方法	现象	故障原因及检查
❶	拆下火花塞做跳火试验	火花较强	检查其他系统
		无火花或火花较弱	点火系统故障或火花塞电极间隙太小
❷	拆下高压帽用高压线头做跳火试验	火花较弱	火花塞炭连或损坏
		无火花	检查低压电路
❸	蓄电池负极导线搭铁试验	无火花	线路无故障
		有火花	电源开关至蓄电池这段导线有故障
❹	用导线使点火线圈的低压接线柱正极搭铁试火	有火花	线路无故障
		无火花	线路有故障
❺	用导线使点火线圈的低压接线柱负极搭铁试火	有火花	点火线圈正常
		无火花	点火线圈损坏
❻	再做火花塞跳火试验	无火花	CDI装置有故障或脉冲发生器不良
		有火花	检查燃油供给系统

注意：经上述检查诊断，如确定点火系统正常，但发动机仍不能启动时，应检查燃油供给系统

(2) 可燃混合气未能进入气缸故障诊断			
序号	检查方法	现象	故障原因及检查
❶	拆下火花塞察看	表面潮湿	油路正常
		表面干燥	油路堵塞或其他故障
❷	向气缸内滴入少量燃油做启动试验	能启动	油路故障
		不能启动	压缩压力不足

续表

		(2) 可燃混合气未能进入气缸故障诊断	
序号	检查方法	现象	故障原因及检查
❸	拔下输油管检查有无燃油流出	无燃油流出	油箱中无燃油，或油路堵塞，或油箱盖气孔堵塞
		有燃油流出	化油器主量孔或浮子针阀堵塞
❹	拧松化油器放油螺钉	无燃油流出	浮子针卡死
		有燃油流出	主量孔或其他通道堵塞

注意：经试验证明可燃混合气已进入气缸，但发动机仍不能启动时，应检查气缸压缩力。因为气缸压缩压力不足，也会导致发动机不能启动

		(3) 气缸压缩压力不足故障诊断	
序号	检查方法	现象	故障原因及检查
❶	转动发动机察看各结合面	结合面处有油沫	漏气
		结合面处无油沫	其他部位漏气
❷	将气缸压力表拧入火花塞螺孔内，转动发动机	$> 9 \times 10^5$Pa 以上	气缸不漏气
		$< 9 \times 10^5$Pa	气缸漏气
❸	向气缸内注入润滑油，再做压力试验	压力升高	活塞环与气缸接触面漏气
		压力不变	气缸衬垫损坏
❹	按标准调整气门间隙	压力不变	排气门卡滞或其他故障
		压力升高	气门间隙太小
❺	向排气门注入少量润滑油	压力不变	排气门有积炭
		压力升高	排气门卡滞

（2）发动机启动困难

发动机每次启动时间超过30s，或连续脚踩启动杆在10次以上才能启动，均属于发动机启动困难。

① 发动机启动困难的原因：可燃混合气过浓或过稀；火花塞断火或火弱；蓄电池电量不足；点火时间不对；气缸压缩压力不足；排气口和消声器积炭过多或堵死。

② 诊断与排除方法。发动机启动困难是一种常见故障，产生这些故障的原因比较复杂，诊断时应首先根据发动机启动困难的某些特异现象，初步判明发生故障的所在系统，然后确诊故障所在。

③ 发动机启动困难故障诊断见表4-2。

表4-2 发动机启动困难故障诊断

序号	检查方法	现象	故障原因及检查
❶	按下电喇叭按钮	声响洪亮	蓄电池电量充足
		声响沙哑	蓄电池电量不足
❷	跳火试验	无火花或火花太弱	点火系统故障或火花塞电极间隙太小
		火花强	检查供油系统
❸	拆下火花塞，转动发动机	排出的气体干而无味	供油系统故障或空气滤清器不洁
		排出的气体有汽油味	检查点火时间
❹	拆下磁电机罩，检查点火时间	点火时间不对	更换CDI点火装置
		点火时间正确	检查气门间隙
❺	装上气缸压力表	压缩压力大于9×10^5Pa	气门间隙正确
		压缩压力小于9×10^5Pa	调整气门间隙
❻	按标准调整气门间隙	压力不变	排气门卡滞或其他故障
		压力升高	气门间隙太小

序号	检查方法	现象	故障原因及检查
❼	向排气处注入少量润滑油	压力不变	排气门有积炭
		压力升高	排气门卡滞

（3）发动机高速转突然熄火

摩托车在高速行驶中，发动机突然熄火，熄火后不能启动或启动困难，是一种常见故障。

导致这类故障的原因比较复杂，与点火系统、供油系统和发动机内部机械故障有关。因此，诊断这类故障时，应首先根据发动机熄火前后的某些特征，初步判明发生故障的所在系统，然后确定故障部位。

① 发动机高速运转突然熄火的原因：燃油用完或油路堵塞；火花塞帽或火花塞脱落；火花塞炭连或损坏；高压线圈被击穿；点火开关或各接线柱接线松动；发动机胀缸或活塞与缸体咬死；气缸盖垫烧穿。

② 发动机高速运转突然熄火故障诊断见表 4-3。

表 4-3　发动机高速运转突然熄火故障诊断

序号	检查方法	现象	故障原因及检查
❶	检查有无燃油	发动机慢慢熄火并能转动	燃油用完，油路堵塞
❷	检查火花塞帽是否脱落	发动机突然熄火并能转动	油路无故障，电路系统故障
❸	拆下火花塞，并清理积炭	发动机运转正常	火花塞炭连引起短路
		仍不能启动	检查电路系统
❹	跳火试验	火花较强	电路系统无故障
		火花较弱	采用逐段试火法找出故障部位
❺	转运发动机	能转动	检查气缸压缩压力
		不能转动	胀缸或咬死

续表

序号	检查方法	现象	故障原因及检查
❻	冷却后向气缸内滴入少许润滑油	能转动	检查气缸压缩压力
		不能转动	活塞与气缸咬死，检查润滑系统
❼	将气缸压力表拧入火花塞螺孔内，转动发动机	在 $9 \times 10^5 Pa$ 以上	气缸不漏气
		在 $9 \times 10^5 Pa$ 以下	检查气缸盖垫、活塞环、气门等有无损坏

（4）发动机过热

发动机过热是指发动机工作温度超过正常工作温度，关闭电源开关后，发动机仍能通过自燃继续运转，气缸体和气缸盖表面上的油污被烤热冒烟。用手检查时，应避免直接接触气缸盖和气缸体，因为发动机的工作温度有时可能达 200℃以上，容易把手烫伤，可将手放在曲轴箱体上。若手指接触时感到温热，说明发动机工作正常；若感到较烫，但仍能保持一定时间，说明发动机较热；若感到用手无法接触，且用蘸水的手指与曲轴箱体做瞬时接触，水滴立即发出"咝咝"声，则说明发动机过热。发动机过热会导致发动机爆震燃烧，功率下降，加速性能变差，并加速各零部件的磨损。

发动机过热故障诊断见表 4-4。

表 4-4　发动机过热故障诊断

序号	检查方法	现象	故障原因及检查
❶	启动发动机并加大油门试验	启动杆有反弹现象	点火时间过早，可燃混合气过稀
		发动机升速缓慢，动力不足	点火时间过迟
		消声器"放炮"，冒黑烟	可燃混合气体过浓
❷	启动发动机试验	消声器声响发闷	消声器积炭过多
		声响正常	检查离合器是否打滑
❸	挂低挡推车前进	阻力不大	离合器打滑
		阻力大，后车轮滑拖	离合器不打滑

续表

序号	检查方法	现象	故障原因及检查
❹	按规定更换燃油	工作温度正常	燃油牌号低
		工作温度过高	燃油无问题
❺	检查燃烧室和散热片	燃烧室积炭多	清除积炭
		散热片脏	清洗干净
❻	检查气门间隙	气门间隙过大或过小	调整气门间隙
❼	检查润滑油量	润滑油量少	加注润滑油

（5）发动机工作无力

影响发动机无力的因素很多，几乎涉及发动机的各个系统，因而发动机工作无力故障的现象和症状也是多种多样的。当摩托车在阻力较大的道路上行驶时，若明显地感到发动机转速降低，加大油门时转速增加也很缓慢；在平坦的道路上行驶时，达不到最高车速，则属于发动机功率下降。当发动机启动预热后，由怠速运转猛然加大油门，使其转速增高，若转速有间歇或增高速度很慢，说明发动机的加速性能差。加速性能好的发动机，在行驶中突然加大油门，车速会猛增，驾驶员有明显的后仰感觉；而加速性能差的发动机，在行驶中猛然加大油门，车速升高缓慢，甚至需要行驶几百米后，车速才能明显提高。

发动机无力是指功率下降和加速性能差两项指标。

① 发动机工作无力的原因

a.燃油供给系统的故障。

● 油路有堵塞现象。例如，油箱开关、燃油滤清器、化油器等油路部分堵塞，但尚未完全堵死。

● 空气滤清器堵塞或阻风门未完全打开。

● 可燃混合气过浓或过稀。

● 燃油变质、过脏、有积水或不符合规定。

● 消声器积炭过多被堵塞，排气阻力增加。

b.点火系统的故障。

● 火花塞电极间隙过大或过小。

- 点火时间过早或过迟，引起发动机爆震或"放炮"。
- 火花塞断火或火花太弱，使发动机运转间断，燃烧不充分。

c.机械部分的故障。

- 气缸、活塞、活塞环磨损漏气，造成压缩压力不足或充气不足。
- 气门间隙过大或过小，使发动机功率不足。
- 离合器打滑，或车轮转动不灵活。
- 轮胎气压过低。

② 发动机无力故障诊断见表4-5。

操作视频

表4-5　发动机无力故障诊断

序号	检查方法	现象	故障原因及检查
❶	将车轮离地，用手转动车轮	转动不灵活	制动装置有故障或车轮轴承损坏
		转动灵活	检查轮胎气压是否过低
❷	用压力表测量轮胎气压	气压过低	检查原因并充气达到规定气压
		气压正常	检查离合器是否打滑
❸	挂低挡推车前进	阻力不大	离合器打滑，应调整分离间隙
		阻力大，后车轮滑拖	应启动发动机进行试验
❹	启动发动机，关闭阻风门试验	工作好转	主量孔堵塞或浮子室油位过低
		消声器冒黑烟，发动机熄火	气道或空气滤清器堵塞或浮子室油位过高
❺	启动发动机并加大油门试验	发动机爆震	点火时间过早
		消声器"放炮"，功率不足	点火时间过迟或火花塞断火
❻	启动发动机并减小油门试验	气缸有敲击声	气缸压缩压力不足或燃烧室积炭
		消声器声响发闷	消声器堵塞

续表

序号	检查方法	现象	故障原因及检查
❼	启动发动机怠速运转	消声器有"突突"声	排气门与气门座配合不严
		声响正常	气缸不漏气
❽	检查润滑油量	油位过低	应加注润滑油
		油位正确	检查发动机是否过热

（6）发动机怠速不良

　　发动机怠速运转是否良好，是衡量发动机工作性能好坏的重要标志之一。如果发动机怠速过高，会增加燃料消耗量，使发动机工作温度升高，加速磨损，且变速换挡时还会出现冲击声。发动机怠速不良分为无怠速、怠速过高和怠速不稳三种情况。

　　① 无怠速。发动机启动后，油门转把不能完全放松，否则就会熄火，这种故障称为发动机无怠速。

　　发动机无怠速的原因是：化油器怠速调整螺钉调整不当；怠速量孔或怠速油道、气道堵塞；化油器浮子室油位过低；进、排气门和气缸衬垫漏气。

　　发动机无怠速，大多是化油器的故障，其次是进气系统漏气，使混合气变稀。诊断时，应着重考虑这两方面，至于发动机内部机械故障，影响并不显著。

　　② 怠速过高。摩托车发动机的怠速一般在 1000r/min 以下。怠速过高是指怠速运转超过此范围而无法调低，或调低后发动机熄火。

　　发动机怠速过高的原因是：化油器节气门拉簧过软，不能完全关闭节气门；节气门松旷或油门钢丝在外套中被卡死；怠速量孔过大。

　　③ 怠速不稳定。怠速运转时，发动机抖动，转速高低不均，这种故障称为发动机怠速不稳。

　　发动机怠速不稳的原因是：点火时间过早；可燃混合气过浓；空气滤清器堵塞；火花塞间隙过小。

　　④ 发动机怠速不良故障诊断见表 4-6。

表 4-6 发动机怠速不良故障诊断

序号	检查方法	现象	故障原因及检查
❶	启动发动机，放松油门转把	发动机熄火	调整化油器的油门限位螺钉和怠速调整螺钉
		调整后，无明显变化	分解化油器，清洗并疏通各油、气道
		清洗后，仍无怠速	检查浮子室油位是否正确
		化油器无异常，但仍无怠速	检查节气门移动是否到位
❷	启动发动机，调低怠速	怠速无法调低	检查节气门弹簧是否过软
		弹力正常	检查油门钢丝绳是否卡滞
❸	转动油门转把	节气门不能关闭	油门钢丝绳卡滞，应清洗或更换
		节气门能关闭	检查进、排气门或气缸衬垫是否漏气
❹	检查进、排气门或各衬垫是否漏气	有漏气现象	修复漏气部位
		无漏气现象	检查点火是否正时
❺	检查点火正时和气门间隙是否正确	点火不正时	调整点火正时
		气门间隙不正确	调整气门间隙

（7）发动机工作抖动

发动机运转时抖动，怠速时更为明显，且加速性能很差，在各种转速下排气管均有明显的爆震声，这种故障称为发动机工作不均匀。

① 发动机工作不均匀的原因：燃油供给不畅通或燃油中有积水；可燃混合气过浓；火花塞积炭、表面不清洁或火花塞热值过低；低压导线接头松动、高压导线或高压线圈受潮漏电；发动机曲轴平衡不良；发动机单缸工作。

② 发动机工作抖动故障诊断见表4-7。

表 4-7　发动机工作抖动故障诊断

序号	检查方法	现象	故障原因及检查
❶	发动机怠速运转，取下一个缸的高压导线	发动机运转	被取下导线的气缸不工作
		发动机熄火	被取下导线的气缸工作
❷	取下高压导线做跳火试验	火花强烈	火花塞炭连或点火时间不对
		无火花	点火系统有故障
❸	卸下火花塞做跳火试验	火花强烈	燃油供给系统有故障
		无火花	火花塞损坏
❹	卸下火花塞察看	表面潮湿	燃油供给系统正常
		表面干燥	油路阻堵或其他故障
		外表不清洁	清洁外表

（8）发动机异响

发动机的技术状况良好时，在怠速运转中，只能够听到均匀的"嘟嘟"声响；在中速运转中，声响则均匀清脆；当加速运转时，会发出有力而圆滑的"嘟嘟"声响。若发动机运转过程中伴随着其他杂音，说明已发生故障。因此，对发动机异响的诊断就是对摩托车故障的诊断。

① 发动机异响的原因：

a. 因爆震引起的声响是一种金属敲击声，会发出尖锐的敲击声。例如，点火提前角过大，燃烧室积炭过多，火花塞热值太低，使用低辛烷值的汽油等，均会导致爆震。

b. 某些运动件因正常磨损间隙过大，并超出允许限度。例如，活塞裙部与缸壁间隙超限引起敲击声响，连杆轴承轴颈间隙过大引起敲击声响，凸轮轴、气门挺杆、凸轮轴衬套等严重磨损，就会产生撞击声响。

c. 气门间隙过大，引起撞击声响。

d. 气门弹簧断裂，或化油器节气门松动。

② 发动机异响故障诊断见表 4-8。

表 4-8 发动机异响故障诊断

序号	检查方法	现象	故障原因及检查
❶	启动发动机，并加大油门	怠速运转声响正常	各运动部件间隙正常
		高速运转有尖脆声响	发动机爆震，检查引起爆震的原因
❷	启动发动机，怠速运转，并缓慢加油	怠速运转有"嗒嗒"的金属敲击声	活塞与气缸配合间隙过大
		怠速运转声响正常，加大油门时声响加大	连杆大端轴承、曲轴两端轴承严重磨损
❸	启动发动机，在各种转速下运转	各种转速均有声响	气门间隙过大，气门弹簧断裂，气门挺杆或凸轮严重磨损或化油器节气门松动

（9）发动机消声器"放炮"

消声器"放炮"是未燃烧的可燃混合气在消声器内重新燃烧发出的爆炸声，同时伴有红火冒出，俗称"放炮"。消声器"放炮"会导致发动机工作温度过高，摩托车加速性能很差和行驶无力，故称消声器"放炮"是一种故障，当然也是其他故障的反映，所以必须及时诊断排除，以免发动机工作温度过高，造成动力性能下降。

① 消声器放炮的原因：可燃混合气过浓；浮子室油位过高；点火提前角过迟；火花塞断火或火弱；启动时进油过多；燃油中混有水分；燃烧室积炭过多。

② 消声器放炮故障诊断见表 4-9。

表 4-9 消声器放炮故障诊断

序号	检查方法	现象	故障原因及检查
❶	关闭阻风门后多次启动发动机不成功	有"放炮"声，正常运转后，"放炮"声消失	启动时进油过多，拧下火花塞排油

续表

序号	检查方法	现象	故障原因及检查
❷	启动发动机，在各种转速下运转	低速有"放炮"声，高速无"放炮"声	可燃混合气过浓，应调整化油器
		各种转速均有"放炮"声	检查点火正时
❸	发动机在各种转速下运转	发动机"放炮"声断续而无规律	火花塞断火、燃烧室积炭过多、燃油中混有水分

（10）发动机耗油过高

发动机的耗油量是否过高，可看其是否超过规定耗油量的15%以上。如果没有超过，则属正常。摩托车规定耗油量，是按在平坦道路上，以经济车速（40km/h）行驶的耗油量。如果在高低不平道路上或超载的情况下行驶，摩托车的油耗必然增加，但不得超过规定值的15%，否则称为燃油超耗。

① 燃油超耗的原因：使用辛烷值太低和太高的汽油；摩托车的油箱、油箱开关、输油管、化油器等有严重漏油现象，或经常加油过满，在行驶中大量溢出；摩托车的行驶系统阻力过大；化油器调整不当，使可燃混合气过浓或过稀；点火过早或过迟；发动机本身有故障，如气缸压缩压力不足或积炭过多；气门间隙不正确；在超载情况下长时间低速或高速行驶。

② 发动机耗油过高的故障诊断见表4-10。

表 4-10 发动机耗油过高的故障诊断

序号	检查方法	现象	故障原因及检查
❶	测量滑行距离	滑行距离短	轮胎气压低、制动蹄卡滞
		滑行距离正常	调整化油器
❷	调整化油器	消声器冒黑烟	浮子室油位过高，空气滤清器堵塞
		发动机过热	可燃混合气过稀
❸	检查点火时间	消声器"放炮"	点火时间不正确
		消声器无"放炮"声	检查气缸压缩压力

续表

序号	检查方法	现象	故障原因及检查
❹	测量气缸压缩压力	在 9×10^5Pa 以上	检查气缸盖垫、活塞环、气门等有无损坏或严重磨损
		在 9×10^5Pa 以下	使用的燃油牌号过低
❺	检查气门间隙	气门间隙不正确	调整气门间隙

（11）发动机润滑油超耗

四冲程发动机的摩托车在行驶过程中，润滑油的消耗量不应超过 0.05 ～ 0.1L/100km，超过这个数值则说明发动机出现了故障。

① 发动机润滑油超耗的原因：活塞与缸壁间间隙过大；活塞环严重磨损或弹力不足，活塞环端、侧隙、背隙过大；活塞环被积炭卡死；长时间高速运转，引起发动机过热，使润滑油黏度降低；润滑油加注过量，超过规定的油面高度；油底壳漏油或曲轴后半部油封的密封不良；气门挺杆与气门导管磨损导致配合间隙过大。

② 发动机润滑油超耗故障诊断见表 4-11。

表 4-11　发动机润滑油超耗故障诊断

序号	检查方法	现象	故障原因及检查
❶	将气缸压力表拧入火花塞孔内，转动发动机	在 9×10^5Pa 以上	衬垫密封不良而漏油
		在 9×10^5Pa 以下	活塞环磨损或结炭，更换新件
❷	启动发动机，加大油门	消声器排浓蓝色烟、润滑油加注口也冒烟	活塞环端隙、侧隙过大
		消声器排浓蓝色烟	气门导管间隙过大
❸	检查有无漏油	曲轴箱油封漏油	更换新油封
		放油塞漏油	拧紧或换新垫片

（12）排气管冒蓝烟（表4-12）

表4-12　排气管冒蓝烟故障诊断

故障现象	发动机工作过程中，在排气消声器的尾部经常可见淡蓝色烟雾，并且机油消耗过快
故障诊断及故障解决	首先检查机油油面是否过高，因为油面过高易造成机油上窜。检查油面时，切不可在发动机刚停熄后就检查，应在停机10min后再进行检查。若油面过高，应及时放出多余的机油 若机油油面正常，对使用时间较长的发动机，应检查气缸压缩压力以及活塞、活塞环与气缸的磨损而使间隙增大的可能性，间隙增大使机油上窜。经检查，气缸压力低于规定值，应进一步检查活塞是否有积炭卡死、磨损过甚或弹力消失。若出现上述情况，应清洗活塞环或予以更换。对于气缸筒磨损严重，活塞与缸筒间隙超过规定值时，就做镗缸、更换活塞等处置 对于刚刚经过大修或换过活塞环的发动机，常因活塞环内、外切口（或切角）装错而上窜机油。若出现上述情况，应重新安装活塞环
故障原因	机油油面过高；气缸压缩压力低于规定值；活塞、活塞与气缸筒的间隙增大

（13）排气管冒黑烟（表4-13）

表4-13　排气管冒黑烟故障诊断

故障现象	发动机工作时，排气管冒黑烟，并能嗅到刺鼻的汽油味，加速时较明显
故障诊断及故障解决	检查混合气的浓度。出现故障症状后，首先检查化油器风门。在发动机正常工作时，是否有操纵机构卡滞、失灵而不能合、开的现象，若有应修理或更换。另外还应检查：浮子室油面是否过高；浮子是否破漏不能浮起；主量孔针阀是否开放过多；空滤器是否堵塞等 发动机熄火后，从化油器上看主喷管，若有油流出或滴油，说明浮子室油面过高，应将浮子的舌子片向上适当弯曲或在针阀痤的下面增加适当的垫片来调整。检查浮子，若出现破裂漏油现象，应予以焊修或更换。注意，焊修后的浮子重量会有所增加，装用时须

续表

故障诊断及 故障解决	重新调试，以保证正常的液面高度。检查三角针阀是否有密封不严等情况，若有应予更换。检查滤油器，若有堵塞现象，应予清洗或更换 　　检查火花塞跳火情况。若火花塞跳火弱或跳火不正常，混合气将不能燃烧，也将出现冒黑烟的状况。拔下火花塞，跳火正常，火花强烈，说明火花塞无故障；若火花塞的火花不是沿电极跳动，而是四周跳火，说明火花塞跳火不正常，应更换新的火花塞；若火花塞积碳严重，则清洗 　　发动机排气管冒黑烟过程中，若伴有"突突"声和"放炮"声，则说明点火太迟。若出现上述情况，应及时校正
故障原因	混合气过浓；火花塞工作不良；点火过迟

（14）排气管冒白烟（表4-14）

表 4-14　排气管冒白烟故障诊断

故障现象	发动机工作时，排气管冒白色烟雾
故障诊断及 故障解决	发动机排气管冒白烟，多因燃油中含有水分以及气缸或消声器内有水汽引起。若一直有白烟现象，说明燃油不合格，应更换质量好的燃油。若只是启动时冒白烟，正常运转后消失，这种问题不影响车辆性能
故障原因	燃油中含有水分；气缸或消声器中有水分

（15）发动机冷车启动容易，但热车启动困难（表4-15）

表 4-15　发动机冷车启动容易，但热车启动困难故障诊断

故障现象	发动机冷车启动容易，但热车启动困难
故障诊断	❶ 气门间隙过小，热车时关闭不严，致使气缸压力不足，启动困难。检查气门间隙，调整至符合 0.05mm 的要求即可 ❷ 发动机润滑不足，在电机温度较高时，密封性能下降，压力降低，启动困难。检修此种故障时，可清洗机油滤网，更换洁净新鲜机油，使油面在油尺上、下刻线之间

故障诊断	❸ 点火系统元件在高温时改变性能，如点火线圈在温度升高后，绝缘性能改变，感应电压降低，火花塞火花不够强烈，从而在启动时无法点燃可燃混合气。检修时，首先检查高压线圈，初级电阻正常为 0.2～0.8Ω，次级电阻正常为 8～15kΩ。检查电容器，用万用表测量其充放电性能，有条件时测量电容量，应为 0.22～0.26μF，如热车温度高，只能等点火线圈自然冷却，恢复正常工作后再启动 ❹ 由于高温低速行驶的摩托车，其发动机往往很热，在熄火停车后，气化器、进气道和燃烧室得不到充分冷却，因此再启动时，途经这些通道的空气就会成为高温气体，高温气体由于受热膨胀，密度降低，使混合气中汽油所占比例增大，混合气变浓；另外又使汽油的气化条件变好，但因缺乏必需的氧气，而不易被点燃，或只能局部被点燃，故发动机难以启动。这时应稍等，待其稍凉后再行启动。在实际使用中，还应注意热车启动时，不要加大油门 ❺ 火花塞热值不当，电极温度过高，会引起气缸盖、燃烧室、活塞顶等部位积炭过多，在燃烧室冷却条件较差的情况下，这些积炭就会成为炽热点，使启动时进入燃烧室的混合气提前点燃，破坏发动机的点火正时，从而影响发动机的正常启动。检修时，按车辆使用说明书要求更换规定型号的火花塞，并定期消除积炭，消除炽热点，保证点火正时
故障原因	❶ 气门间隙过小 ❷ 发动机润滑不足 ❸ 火系统元件在高温时改变性能 ❹ 发动机过热 ❺ 火花塞热值不当
故障解决	调整或更换故障零部件

（16）发动机不能电启动，推车却能启动（表4-16）

表4-16　发动机不能电启动，推车却能启动故障诊断

故障现象	发动机不能电启动，推车却能启动

续表

故障诊断	❶ 检修时，按下电启动按钮时，如果听到有电动机运转的声音，可将手放在排气管尾部，检查是否有气流排出，如有气流排出，说明不能启动属发动机故障，应按前述方法检修发动机；如无气流排出，则说明故障出在电动系统 ❷ 检查蓄电池电量，电压必须在12V以上。如蓄电池电量不足，可卸下蓄电池充电或换上新蓄电池 ❸ 检查启动继电器的性能，用短接法代替继电器起作用，如能启动，说明继电器有故障，应拆修或更换 ❹ 清洁蓄电池接线柱，以保证接触良好。检查电动机电源接头，接地必须良好，用电量充足的电源（不经继电器）启动，如不能启动，应检查发动机的轴承、碳刷，若出现轴承损伤而碰擦定子、碳刷过度磨损、弹力减弱或碳刷不洁等现象，应予以排除或更换 ❺ 检查启动离合器，有打滑现象时，应每进行一项，电启动一次，若故障消除，则不必进行下一项。首先，更换标准启动珠或加大的启动珠；其次，主动齿轮盘与启动珠接触部分磨损超过0.15mm以上时，应考虑更换或修理。最后，从动盘如果开裂，应更换
故障原因	❶ 蓄电池电量不足，启动电动机转动缓慢 ❷ 启动继电器触点接触不良，蓄电池接线柱氧化，电阻增大，电流减弱，使启动动力不足 ❸ 启动电机故障，如电机的电源接头、接地等接触不良，碳刷损坏、轴承损坏、导线损坏等使电动机转动缓慢 ❹ 启动离合器有打滑现象
故障解决	修复或更换故障零部件

（17）冷车启动困难（表4-17）

表4-17 冷车启动困难故障诊断

故障现象	冷车后出现启动困难，热车后一切正常
故障诊断	检查点火线路，经试验，在各种条件下，火花塞的火花准确有力查看火花塞的电极，均略为干燥，再经火花塞孔向各缸滴汽油后启动，发动机有不规则的燃震，说明该车启动时，油缸混合气过稀，检查油路，估计问题出在气化器

续表

故障诊断	气化器安装紧凑，正常 检查气化器与气缸连接部分，发现该连接管是用硬性耐油橡胶材料所制，长期受风吹雨打，已经变硬，并有龟裂沟纹 拆下连接管，用酒精洗净后晾干，然后用较稀的环氧树脂胶在管外均匀涂抹一层，24h 后，再喷一层黑漆，重新装车时，尽量旋紧卡箍，提高连接部位的密封性。启动发动机，一次即成功启动，故障排除
故障原因	气化器与气缸连接密封不良
故障解决	重新密封气化器与气缸连接处

（18）车辆行驶无力（表4-18）

表 4-18　车辆行驶无力故障诊断

故障现象	车辆行驶无力，不能达到最大车速
故障诊断	更换气缸、活塞、活塞环等零件后，行驶仍感无力。调整点火正时，清理进排气孔，也无明显改善 车辆已更换了气缸、活塞、活塞环等零件，又调整了点火正时、气化器，清理了进、排气孔，却仍无明显效果。因而，造成动力不足的原因是曲轴箱预压效果差
故障原因	引起行驶无力的原因有：气缸、活塞、活塞环严重磨损，引起漏气，使气缸压力下降；或是由于点火正时不对，气化器调整不当或进排气系统阻塞，造成混合气过浓或过稀，导致发动机功率下降 曲轴箱漏气，曲轴油封失效，回转阀关闭不严或安装位置不正确，均会使曲轴箱预压效果差，引起行驶无力 检修时，先检查电机内部，若没有油污，说明油封完好，否则应更换油封 检查回转阀。拆下启动杆，拆除化油器，打开右箱盖，放出全部机油，然后将离合器拆下，旋出右曲柄螺母，拆出曲轴齿轮，取下回转阀盖，检查阀片位置记号是否对准，再仔细检查回转阀片是否变形，若阀片表面很光洁，则未变形，若表面局部有摩擦或受压痕迹，则是变形的，此时应更换阀片，故障得以排除
故障解决	修复或更换故障零部件

（19）发动机大修后排白色浓烟（表4-19）

表 4-19 发动机大修后排白色浓烟故障诊断

故障现象	发动机大修后排白色浓烟
故障诊断	排气管冒白色浓烟，更换气缸、活塞、活环仍不能解决问题，冷车启动困难，换上新火花塞后启动顺利，但行驶百余千米就要更换一个火花塞，不然便不能启动，调整气门间隙，更换排气管仍不起作用，机油消耗大 从该车排白色浓烟、机油消耗大、火花塞易积炭等现象来分析，是由于机油严重窜缸所造成的 ❶ 活塞、气缸的配合间隙大，成为机油上窜的主要通道 ❷ 活塞、活塞环、气缸等虽经更换，但零件精度不符合要求，有时新活塞与新的同级气缸配合，间隙可能会很大，对回油很不利，机油上窜燃烧室后被排出。活塞环的安装位置不对，其切口未互相错开，也会为机油上窜提供通道 ❸ 进气门导杆松动而使机油进入气缸，或在气缸螺栓不紧时，机油从供油孔和回油孔进入气缸，再从排气管大量排出 修理这种故障，若活塞、气缸配合间隙大，或磨损严重时，应更换新件，通常气缸磨损量应在 0.005mm 以下，且活塞磨损很小（不装活塞环的活塞装入气缸中摇动无响声）时，更换活塞环即可解决问题，但如果活塞磨损严重，超过极限，就应更换全部零件 更换活塞环时应注意选用单独包装的日本产活塞环，并确保活塞环的制造质量。安装活塞环时，三环的切口必须互相错开120°，油环的两片也要错开，环切口相隔 20～30mm，同时活塞环衬必须有张力，能使油环薄片产生弹力，压向缸壁，增加刮油能力，减少机油窜缸的机会 检查气缸螺栓，若未拧紧则拧紧，若是进气门导杆松动，则需更换
故障原因	活塞、气缸的配合间隙过大 活塞、活塞环、气缸配合间隙过大 进气门导杆松动
故障解决	修复或更换故障零部件

（20）负载后无法加速（表4-20）

表4-20　负载后无法加速故障诊断

故障现象	发动机启动正常，空载加速性能良好，但负载后却无法加速
故障诊断	检查行驶系统、制动操作部分均正常 检修此类故障，可更换已霉烂的后挡泥板，或逐一检查上述各处导线接头，发现破损导线应立即更换，接好接头及插接件
故障原因	❶ 后挡泥板保养不良，腐蚀霉烂后，在负载过重时，给进气滤清器施加了压力，使进气受阻 ❷ 电机输出导线插接不牢，点火电源接头在受拉后接触不良 ❸ 点火电源导线破损，受拉、压后接地漏电 ❹ 照明电源导线破损后，与车身短路，照明负荷骤增，因互感作用，点火电源线圈电压下降，点火电压不足
故障解决	修复或更换故障零部件

（21）发动机回火（表4-21）

表4-21　发动机回火故障诊断

故障现象	发动机回火
故障诊断	❶ 混合气过稀，稀薄的混合气进入气缸后，又被气缸中的废气（上一个工作循环中尚未排净的残余废气）冲淡而变得更加稀薄。这种混合气燃烧缓慢，一直持续到进气开启，在进气管中的混合气遇到从气缸中蔓延而来的火焰就会引起燃烧，因而产生化油器回火现象 ❷ 点火时间太迟或点火火花太弱。如果点火时间太迟或点火火花太弱，气缸内的混合气燃烧就变得缓慢。因此，在排气门关闭后，气缸内仍存在着燃烧的混合气。当进气门开启时，混合气遇到气缸中的火焰而燃烧，便产生回火现象 ❸ 进气门关闭不严。如果发动机的进气门有积炭黏结或其他原因造成关闭不严，在做功行程中，混合气燃烧时，其火焰便窜入进气管中，使进气管中的混合气燃烧而产生回火现象。这种情况在发动机过热时最易发生 ❹ 早燃。当发动机发生早燃时，在进气门还未关闭之际，气缸内早燃火焰就穿过进气门进入进气管点燃混合气，造成回火现象

续表

故障原因	❶ 混合气过稀 ❷ 点火时间太迟或点火火花太弱 ❸ 进气门关闭不严 ❹ 早燃
故障解决	修复或更换故障零部件

（22）发动机爆震（表4-22）

表 4-22　发动机爆震故障诊断

故障现象	发动机爆震
故障诊断	发动机工作时，当火花塞点火后，火焰便从着火点向四周蔓延。混合气过分膨胀，压力和温度的升高均超过了正常范围，使部分未燃气体在火焰尚未传到之前，受到燃烧气体的挤压和热辐射作用而达到自燃温度燃烧，这种现象称为爆震。产生爆震后，活塞受到来自不同程度的冲击力，其往复运动不能平衡，从而出现与气缸壁相碰撞的现象。爆震是一种反常的燃烧现象，它会降低发动机的功率，缩短机件的工作寿命
故障原因	发动机过热；汽油抗爆性能差，辛烷值太低；火花塞热值太低
故障解决	修复或更换故障零部件

（23）发动机自动熄火（表4-23）

表 4-23　发动机自动熄火故障诊断

故障现象	摩托车在行驶中，并未关闭油门或电源总开关却突然熄火停车
故障诊断	（1）燃油耗尽时，可停车检查 若油箱内无油，则加入规定牌号的汽油即可 （2）燃油供应不上的检修方法 当判定是燃油供应不上的故障时，首先检查燃油箱存油情况，然后检查燃油通道是否畅通。检查方法是：对有下沉机构的化油器，可先将浮子下沉器按下，看是否有油溢出；对无下沉机构的化油器，则用力向浮子平衡管中吹气，若无油从管中溢出，说明汽油通道的前一段堵塞，应予以清洗和疏通。若有油溢出说明畅

故障诊断	通，可关闭阻风门，重新启动。如发动机不能启动，则应检查化油器主量孔、油滤网有无异物。若虽启动，但工作一段时间后仍自动停车，则需全面检查供油系统的管道和接头等 （3）发动机过热的排除方法 当判断是因缺乏润滑油，卡缸而引起自动停车时，则可从火花塞孔向已冷却的发动机气缸内注入少量润滑油。在未装火花塞前，慢慢踩动启动蹬杆，使曲轴转动，将润滑系统的故障排除后，再装上火花塞，重新启动发动机 （4）电路突然断电的检修方法 首先检查蓄电池和电机接线的各个接头，然后检查高压导线与火花塞和点火线圈是否脱落，检查点火线圈是否损坏并用跳火试验法加以验证 （5）蓄电池电量用尽及连接导线的检修方法 首先检查各接头、各导线的情况，凡导线破坏、短路者，应更换；松动处重新拧紧。确认导线良好、接头无松动后，测量蓄电池电量，必要时进行充电 （6）变速齿轮卡住或传动链松脱的检修方法 脱开离合器，重新启动，若发动机运转正常，则说明是传动机构的故障导致突然自动停车。此时，则必须分解发动机，检查并更换已打坏的变速齿，必要时应全部更换箱体内的润滑油。如果是传动链松脱，则重新装好，安装时应注意链条接锁片的开口端的朝向应与链条转动方向相反
故障原因	（1）燃油耗尽 在自动停车前发动机转速会突然自动升高，在低速行驶中，此症状尤其明显。这是由于燃油用完造成的自动停车，停车检查油箱内是否有油即可得到证实 （2）燃油供应不上 在停车前首先感到动力不足并慢慢下降，接着就逐渐地自动停车。这是由于燃油供应不畅的缘故。燃油供应不畅的原因有： ❶ 油路堵塞； ❷ 化油器油滤孔阻塞； ❸ 化油器主量孔阻塞 （3）发动机严重过热 发动机自动停车前，先是功率逐渐下降，然后突然停车，在停车后踩启动蹬杆，发动机无法转动。这是由于发动机缺乏润滑而严重过热，致使活塞和气缸吸死，造成发动机自动停车

续表

故障原因	（4）电路突然断电 在突然自动停电前，发动机没有任何异常现象，这是由于电路突然断电引起的自动停车。造成电路突然断电的原因有： ❶ 电线接头松动脱开； ❷ 导线切断、短路等； ❸ 高压线脱落； ❹ 点火线圈损坏 （5）蓄电池电量用完或连接导线松动 蓄电池电量用完或连接导线松动但未脱开时，也会出现自动停车。停车前的症状是：启动发动机，转速忽高忽低，摩托车在行驶中发冲，关小油门转速变低后，发动机自动停车。其原因是，当发动机转速高时，由发电机供电点火，此时虽然蓄电池电量用完，但发动机仍然维持工作，因此当行驶速度变化时，发电机输出电流也变化，使点火产生间断，摩托车发冲，当关小油门后，转速降低，发电机不发电或电源很小，火花塞无法点火，迫使发动机停车 （6）变速齿轮卡住或传动链条松脱 变速器的齿轮打坏，其碎块卡住变速器，或是传动链条松脱卡在主轴链轮处，都会造成突然停车
故障解决	修复或更换故障零部件

（24）燃油消耗过大（表4-24）

表4-24 燃油消耗过大故障诊断

故障现象	摩托车正常耗油量是按摩托车在平坦道路上经济车速行驶计算的。所谓燃油量超耗是指行驶过程中油耗超过正常耗油量的15%以上
故障诊断	（1）供油系统漏油的检修 使用中，可能会闻到或观察到供油系统的漏油现象。检查燃油箱、燃油开关、油管、化油器等各处，找出漏油的部位并及时修理或更换，以排除漏油 （2）行走系统阻力过大检修 当发现摩托车燃油超耗时，先检查并排除行驶系统故障，然后检查轮胎气压是否过低；前后轮中的滚动轴承是否损坏或装配间隙过小；轮毂与制动蹄的分离间隙是否过小甚至有带刹车现象，制动蹄拉簧是否损坏等

故障诊断	（3）操作使用不当的排除方法 驾驶时应尽量保持在经济车速行驶，同时避免超载行驶和经常使用低速挡行驶 （4）化油器调整不当的排除 如果摩托车在行驶中消声器冒黑烟、功率明显下降，则说明混合气过浓。检查火花塞，可看见火花塞发潮发黑，燃烧室积炭过多。如果在行驶中，出现发动机机体表面温度很高，功率下降，化油器出现"霹霹"的回火响声，则说明混合气过稀 （5）遇有混合气过浓现象时，先检查空气滤清器是否太脏、堵塞，然后检查化油器是否调整适当，检查浮子室油位是否超过规定值，遇有混合气过稀现象时，应检查化油器针阀是否严密（有无磨损），浮子是否破损渗进汽油，以致浮子浮不起而使油平面过低等。查明原因后逐一加以排除、调整。正常的混合气中，汽油与空气的比例为 1：15，经济性最佳比例为 1：16，动力性最佳的比例为 1：12.5，在（1：12.5）～（1：15.5）之间都还可算作正常的范围。当混合比超过 1：10.5 时为过浓，小于 1：20 时为过稀 （6）燃油牌号不对 一般汽油的辛烷值测定很困难的，但如果在加注储存过久的汽油后，发现摩托车上坡时，发动机有"嗒嗒"敲缸声，气缸温度升高，油耗增加，则可判定是添加了辛烷值过低的汽油。更换标准汽油，故障就可排除
故障原因	（1）供油系统严重漏油 燃油箱、燃油开关、燃油管、化油器等出现严重漏油现象 （2）行驶系统阻力过大 摩托车的行驶阻力大，油耗必然会增加，引起行驶系统阻力过大的原因是： ❶ 轮胎气压不足； ❷ 前后制动器的制动鼓与制动蹄分离间隙太小，甚至有带刹车行走的现象； ❸ 前后轮轴配合间隙调得过小； ❹ 前后轮轴上的滚动轴承损坏； ❺ 制动蹄拉簧损坏等

故障原因	（3）操作使用不当 由于操作使用不当而引起燃油超耗，主要是指下述情况： ❶ 不按经济车速行驶； ❷ 摩托车超载运行； ❸ 经常在低速挡行驶 （4）化油器调整不当，混合气过浓或过稀，是燃油超耗的主要原因。混合气过浓时，燃烧延长，燃烧不完全而产生过多积炭，相应油耗增加。而混合气过稀，会使燃烧速度降低，燃烧过程增长，导致发动机过热而功率下降，油耗增加 由于化油器调整不当，导致发动机怠速过高，也会使油耗增大 （5）点火时间不对 正如在"发动机动力不足、加速性差"故障检修中叙述的，点火时间过早或过迟均会造成发动机功率下降，因而使燃油超耗 （6）燃油牌号不对 当使用不符合车型所要求的燃油时，无论汽油辛烷值过高或过低都会使燃油超耗 （7）离合器打滑 离合器打滑，使发动机的功率不能有效地传给驱动轮，因而在平路上达不到正常车速，在上坡时尽管加大油门，但行驶无力，这时必然会造成油耗过多
故障解决	修复或更换故障零部件

（25）发动机无怠速（表4-25）

表 4-25　发动机无怠速故障诊断

故障现象	启动发动机后，油门转把不能放手，否则就会熄火，即为无怠速
故障诊断	（1）化油器调整不当 怠速时，可燃气体混合比是利用怠速调整螺钉来控制空气的进入量。当螺钉拧进时，空气进入量减少，怠速混合气变浓；当螺钉退出时，空气进入量增加，混合气变稀。而节气门调整螺钉用

故障诊断	以防止节气门转动及调整节气门最小开度，当螺钉旋入时，节气门最低位置上升，怠速转速上升，当螺钉退出时，节气门下降，怠速转速降低。若怠速调整螺钉或节气门调整螺钉调整不当，发动机就不能调整至最低转速即无怠速 （2）怠速量孔或怠速油道堵塞 　当发动机处于怠速时，需要较浓的混合气。这是因为此时节气门开度小，吸入气缸的混合气少，气缸中的废气对混合气冲淡作用相对增大，使用较浓的混合气，发动机才能在怠速时稳定工作。而怠速量孔或怠速油道等堵塞，会导致混合气变稀。当混合气过稀时，发动机不能工作 （3）化油器浮子室油位过低 　由于调整不当，浮子室油位过于低，使吸至气缸的混合气过稀，导致无怠速 （4）混合气进入气缸的管路漏气，致使混合气变稀，发动机无法在怠速工作 　发动机处于下述良好状态下，才能调整怠速： ❶ 发动机在中低转速下工作 5～10min，使其预热至适当温度（一般缸温达 100℃左右）； ❷ 火花塞有连续强烈的火花，即火花塞、高压导线、继电器、点火线圈等工作状态良好，蓄电池电量充足； ❸ 化油器油路、气路通畅，节气门下缘不应有磨损，化油器与进气管接合面应密封良好； ❹ 气缸压缩性良好 　具备上述条件时可进行怠速的调整。调整的方法是：待发动机充分预热后，先将节气门调整螺钉按顺时针方向旋入，使发动机转速提高至手松开油门转把后不熄火为止，然后将怠速调整螺钉逐渐旋入，使发动机转速降低，将要熄火时，再稍许退出该螺钉，使发动机转速提高并稳定，而后将气门调整螺钉退出少许，如转速又升高一些，再将气门调整螺钉退出一些，使发动机转速降至最低。如此反复调整节气门螺钉和怠速调整螺钉，使发动机转速调到规定的怠速为止 　化油器故障的排除如下 　按上述步骤无法调整到最低稳定转速（怠速），说明化油器出了故障，应将化油器拆下，分解检查怠速量孔、怠速油道和气道是否堵塞。若有堵塞，可用直径为 0.4mm 的小铁丝疏通，再用压缩空气将各孔吹干净，若是浮子室油位过低，可采用调整浮子高度的方法，将油位调整合格 　检查混合气进入气缸的管路、接合面是否漏气，气缸压力是否降低

续表

故障原因	❶ 化油器调整不当 ❷ 怠速量孔或怠速油道堵塞 ❸ 化油器浮子室油位过低 ❹ 混合气进入气缸的管路漏气
故障解决	修复或更换故障零部件

（26）发动机怠速过高（表4-26）

表 4-26　发动机怠速过高故障诊断

故障现象	怠速高于规定值
故障诊断	怠速过高会引起发动机过热，油耗增大，离合器产生冲击，换挡时还可能出现因主动齿轮和从动齿轮转速不平衡而打坏齿轮 　　化油器节气门过软的检修：检查节气门能否完全关闭，方法如下 　　用手扳动节气门，节气门能进一步关闭，怠速会降低，说明怠速过高是节气门不能完全关闭所致。此时，应检查节气门弹簧是否过软或松弛，若弹力太小，应予以更换。还应检查油门操纵钢索在外套中是否被卡死 　　检查怠速量孔：是否因以前维修不当变大，若变大了，应予以更换 　　检查继电器触点间隙（一般为 0.3 ～ 0.4mm），并调整至规定值，可偏上限
故障原因	❶ 化油器节气门弹簧过软因而弹力太小，使节气门不能回位 ❷ 怠速量孔超大，进入的可燃混合气过多，发动机怠速也相应提高 ❸ 继电器触点间隙太小，使发动机在低速运转时，产生很弱或断续的火花，因此不能维持发动机正常的怠速运转
故障解决	修复或更换故障零部件

（27）怠速运转的发动机突然加大油门会发生熄火（表4-27）

表4-27　怠速运转的发动机突然加大油门会发生熄火故障诊断

故障现象	怠速运转的发动机突然加大油门会发生熄火
故障诊断	怠速运转的发动机，当油门突然开大时，发动机的转速会随之增高，混合气的供应量也会相应增大。但由于汽油的静止惯性大于空气的静止惯性，所以此时汽油流量的增加远不及空气的增量大，致使混合气过稀。另外，当油门急开时，进气管内的压力骤然升高，高速进入的冷空气来不及预热，使进气管内的温度降低，造成汽油易挥发。这样，过稀而又雾化不良的混合气进入气缸后，不但不能使发动机立即实现加速，而且还会发生熄火现象
故障原因	混合气过稀
故障解决	在加大油门前关闭或半关闭阻风门，适当减少空气流入量，增加汽油进入量。然后随着发动机转速逐渐增加适当开放阻风门。发动机在开大油门前，先按几下注油器，以提高汽油液面，增大混合气浓度。缓缓开大油门，也能避免熄火现象发生

（28）摩托车发动机漏油（表4-28）

表4-28　摩托车发动机漏油故障诊断

故障现象	摩托车发动机漏油
故障诊断	（1）齿轮箱机油大量流入曲轴箱和机油箱 齿轮箱和曲轴箱之间的隔板有砂眼，活塞上行时曲轴箱内出现真空。在压差作用下齿轮箱内机油经砂眼吸入曲轴箱内。机油泵将机油吸入油箱，使机油箱内机油骤增，甚至大量溢出 曲轴左端的一个骨架式橡胶油封方向装反或装配时橡胶表面严重损坏，起不到密封齿轮箱机油的作用。在活塞上行，曲轴箱内出现真空时，齿轮箱内的机油经油封处吸入曲轴箱，并由机油泵吸入机油箱 （2）汽油大量进入曲轴箱和机油箱 这种问题是在以下三个条件同时具备时发生的： ❶当车辆较长时间停放时，汽油开关没有关闭； ❷化油器浮子顶针或浮子失去作用而使浮子顶针关闭不严； ❸有一个进气阀开启

故障诊断	此时，汽油箱内的汽油通过开关流经浮子进入气化室，又经转接座和进气门流进气缸并进入曲轴箱，与曲轴箱内机油混合。在机油泵作用下，这种混合油进入机油箱，又与机油箱内的机油混合。显然，这种故障是由于使用和维修不当引起的。因此，车辆使用时需将汽油开关关闭，将化油器浮子调整正常，即可避免机油漏油

（3）气阀罩盖与气阀罩壳、气阀罩壳与气缸盖结合面漏油

要解决这两个结合面的漏油问题，靠维修原气阀罩壳和更换衬套是难以解决的，只能更换新的拱形气阀罩壳来解决

（4）气缸盖与气缸结合面漏气及护套管与上下油封结合面漏油

这两处的漏气或漏油往往是由于护套安装不当或油封老化造成的

护套上油封和护套下油封虽采用耐热橡胶材料，但由于工作条件十分恶劣，一般 1 ～ 2 年就要老化，所以必须及时检查与更换

护套管的安装不当则是这几处漏油、漏气的又一主要原因。护套管的正确安装应该是管口不偏不斜地压在油封上，但在实际安装时，往往容易压偏，特别是护套管上端与上油封，因无导向又不易观察更易装偏，使护套管的一部分管口直接顶在缸盖上，造成缸盖与缸体不能紧密结合而漏气，护套管上端压不紧上油封而漏油。时间一长，还会引起缸盖的永久性变形，加剧缸盖与缸体结合面处的漏气。所以，在拧紧气缸盖螺栓前，必须对两个护套管的上、下安装位置进行仔细检查

（5）进、回油管接头漏油及回油管爆裂

进、回油管两接头处漏油或渗油，一般是由于接头震松或衬垫损坏引起的。所以在车辆每行驶 500 ～ 1000km 时，必须进行检查，拧紧接头，对损坏的衬垫应进行更换

回油管的爆裂引起机油向外飞溅，是由于回油指示器的活门方向装错，使活门将通往机油箱的油路堵塞，在回油泵作用下，管内油压不断升高，致使油管爆裂。正确的安装应该是活门缺口一端向上。另外，在发动机使用过程中，还会发生发动机左盖结合面、时规盖结合面、放油螺栓结合面、启动轴、拨爪轴等处的渗油现象，一般可以用更换衬垫和密封圈的方法来解决

续表

故障原因	❶ 齿轮箱机油大量流入曲轴箱和机油箱 ❷ 汽油大量进入曲轴箱和机油箱 ❸ 气阀罩盖与气阀罩壳、气阀罩壳与气缸盖结合面漏油 ❹ 气缸盖与气缸结合面漏气及护套管与上下油封结合面漏油 ❺ 进、回油管接头漏油及回油管爆裂
故障解决	修复或更换故障零部件

（29）摩托车中高速才可勉强行驶（表4-29）

表 4-29　摩托车中高速才可勉强行驶故障诊断

故障现象	车辆不易启动，启动后亦无怠速，中高速可勉强行驶
故障诊断	检查发现火花塞污损严重，经清洗，调整化油器和点火时间后，仍没有明显效果 拆下火花塞，测量气缸压力，正常 解体发动机，检查发现曲轴左边油封弹簧松脱，橡胶老化，密封不严 更换油封并重新装复后，故障即排除
故障原因	❶ 气缸壁和活塞因过度磨损而失圆，引起气缸内压力不足 ❷ 曲轴油封、曲轴箱体结合面有漏气现象 ❸ 窜油引起曲轴箱密封性恶化
故障解决	更换油封

（30）摩托车行驶时发动机响声越来越大（表4-30）

表 4-30　摩托车行驶时发动机响声越来越大故障诊断

故障现象	摩托车行驶时发动机响声越来越大
故障诊断	让发动机处于怠速运转，并用螺丝刀抵住发动机气缸进行诊听。若发现气缸中部有明显、杂乱且连续不断的"嗒嗒"声，且发动机温度升高，响声也随之加大，可判定故障可能是因为活塞销与活塞销孔、活塞销与连杆小头滚针轴承同时产生松动

续表

故障诊断	检查时，可拆下气缸盖和气缸。若发现活塞销与活塞销孔、活塞销与滚针轴承之间间隙明显增大，则应拆下活塞，用一个新活塞销装入连杆小头孔内检查。若发现连杆小头孔内仍有少量间隙，表明连杆小头滚针已磨损，应予以更换。再用新活塞销装入活塞销孔检查。若仍感到有较大间隙，则说明活塞销孔也已磨损，应更换活塞
故障原因	活塞销与活塞销孔、活塞销与连杆小头滚针轴承同时产生松动
故障解决	修复或更换故障零部件

（31）行驶无力，燃油消耗过大（表4-31）

表 **4-31** 行驶无力，燃油消耗过大故障诊断

故障现象	车速最高达不到50km/h，行驶无力，燃油消耗过大，即使调整发动机各部件，也没有明显改善
故障诊断	摩托车行驶一定路程后，由于各机件的正常磨损，动力会有所下降，但如果出现明显的动力不足、行驶无力现象，可从以下几方面考虑 ❶ 气化器调整不当时，浮子高度不对，因而混合气过浓或过稀，均会造成燃油超耗 检修时，需调整气化器浮子高度至规定值（25.1±1.0）mm ❷ 点火正时不对，过早或过迟，均会造成发动机功率下降，燃油超耗 检修时，调整点火提前角至（20°±2°） ❸ 进、排气系统堵塞，也会造成发动机功率下降，燃油超耗 检修时，检查从曲轴箱到燃烧室的各部位是否有漏气现象，排除即可 ❹ 从曲轴箱到燃烧室的各部位漏气，也会造成上述故障现象 检修时，检查此段各部位是否有漏气现象，若有排除即可 ❺ 活塞与气缸配合间隙由于磨损而变大，或活塞环开口间隙变大，弹力减小而漏气，也会导致行驶无力 检修时，检查气缸与活塞的间隙，应为0.04～0.05mm，若超过使用极限0.12mm，就应更换磨损件，同时检查活塞环开口间隙应为0.15～0.35mm，若超过使用极限0.8mm，应更换

续表

故障原因	❶ 气化器调整不当 ❷ 点火正时不对 ❸ 进、排气系统堵塞 ❹ 从曲轴箱到燃烧室的各部位漏气 ❺ 活塞与气缸配合间隙由于磨损而变大
故障解决	修复或更换故障零部件

（32）发动机烧机油（表4-32）

表4-32　发动机烧机油故障诊断

故障现象	发动机烧机油
故障原因	（1）活塞与气缸的配合间隙过大 （2）活塞环开口间隙过大 （3）各活塞环开口间隙的位置重合 （4）活塞环折断（主要指油环） （5）活塞环安装有误 （6）活塞环的漏光度过大 对活塞环漏光度的要求是： ❶ 用厚薄规测量漏光间隙不得超过 0.03mm； ❷ 外圆漏光度在圆周上不得超过 45°，在同一环上的总和不得超过 60°； ❸ 在靠近开口处两侧各 30° 范围内不许漏光 （7）气门杆与气门导管的配合间隙磨损过大 （8）气缸椭圆度和锥形度过大 椭圆度不得大于 0.05mm，锥形度不得大于 0.10mm （9）连杆弯曲造成活塞偏缸 对连杆的要求是：连杆大头中心线与小头中心线不平行度和偏扭度在 100mm 长度上不大于 0.03mm （10）二冲程发动机混合油中机油比例过大
故障解决	修复或更换故障零部件

（33）发动机过热故障分析（表4-33）

表4-33 发动机过热故障分析故障诊断

故障现象	发动机过热
故障诊断	（1）散热条件差的检修 ❶ 散热片过脏。用水冲刷干净气缸盖、气缸散热片上的泥沙 ❷ 发动机超负荷或长时间的高速运转。如果发动机超负荷或长时间高速运转造成散热不良引起过热，只要及时停车冷却，变换挡位控制车速便可排除，同时还应避免过载 （2）润滑不良的检修 ❶ 机油泵控制杆调节。机油量是通过机油泵控制杆来调节的。当气阀上的凹坑位于化油器主孔上部时，检查机油泵控制杆标记是否对准机油泵体上的标记，若未对准，则进行调整 ❷ 机油管路中进入空气。拔下机油管，使机油流出，直到气泡消失为止 ❸ 机油箱盖通气孔阻塞。卸下机油箱盖，用铁丝疏通盖上的通气孔，并清洗干净吹干后装回 （3）压力高的检修 将气缸压力计拧入火花塞孔内，将油门全开，踩动启动杆多次，直到气缸压力计停止上升时为止，其最大读数若大于$(6\sim7)\times10^5$Pa，则说明气缸压力过高。此时逐一检查下列项目并排除 ❶ 燃烧室积炭过多用非金属刮片或不尖锐的金属刮刀小心刮削气缸盖燃烧室内、活塞顶部的积炭 ❷ 更换气缸盖衬垫 ❸ 排气口、消声器积炭的检修。发动机工作时，若消声器声音发闷，说明是消声器堵塞引起发动机过热。卸下消声器，清除其积炭 （4）点火过迟或过早的检修 发动机启动时有强烈的反弹现象，启动后加大油门，发动机产生爆震，说明发动机过热的原因是点火过早，可燃混合气过稀引起的 如果启动时消声器有放炮现象，加大油门时发动机转速提不起来，发动机工作声沉闷，动力不足，则说明发动机过热是由于点火过迟、混合气过浓引起的

故障诊断	（5）混合气过浓过稀的检修 　判断混合气过浓或过稀的办法还有一个，若排气管冒黑烟，则说明混合气过浓，若发动机功率下降、油耗增加、加速性能变差，则说明混合气过稀。查明是混合气过浓时，逐一检查阻风门是否卡住，检查浮子室油位是否正确，并通过调整浮子高度，将油面调整合适。卸下空气滤清器检查，有阻塞时，将空气滤清器洗干净后装回。当查明是混合气过稀时，则逐一检查化油器主喷油嘴是否堵塞 　检查浮子室油位是否过低，并调整浮子高度至规定值，若燃油滤清器滤网及燃油箱盖通气孔堵塞，则进行排除。在采取了上述排故障措施后，如果混合气仍过浓或过稀，可通过调整化油器调节螺钉的位置来改变混合气浓度。当旋入此螺钉时，进入空气量减少，混合气变浓；反之，当调节螺钉退出时，进入空气量增加，混合气变稀 　（6）离合器打滑的检修 　判断离合器是否打滑可采用下述方法 　脱开离合器，刹住摩托车，然后挂低速挡，再慢慢松开离合器操纵手柄起步，此时若发动机随着离合器的结合，转速下降，最后熄火，则说明离合器不打滑；反之，若发动机转速没有随之下降，说明离合器打滑 　摩托车在5°以上的斜坡上起步时，若发动机熄火或正常前进，则说明离合器不打滑，若发动机转速过高，而摩托车并不前进，说明离合器打滑 　判定离合器打滑后，应逐一检查离合器摩擦片是否损坏或严重磨损，离合器弹簧弹力是否过小，对干式摩擦片离合器，还要检查摩擦片是否有油污 　（7）汽油辛烷值过低时，引起发动机过热 　可更换高一级的新鲜汽油进行试验，如果故障消失，说明原使用的汽油不符合要求，应更换辛烷值高一级的汽油
故障原因	发动机正常工作温度是指气缸头温度为100～200℃（二冲程机略高20℃），润滑油温度为50～59℃。当工作温度超过上述正常温度范围时，关闭电源开关后发动机通过自燃而继续转动；气缸体和气缸盖表面上的油污会被烤焦冒烟，水滴在曲轴箱上马上就化为水蒸气

故障原因	（1）散热条件差 ❶ 散热片过脏。摩托车在泥泞道路中行驶后，会使气缸体及气缸盖散热片过脏，导致散热效果差，发动机过热 ❷ 发动机长时间高速运转或超负荷工作 a. 长时间低速挡高转速行驶 b. 发动机长时间在最大功率或超负荷下工作 c. 在原地长时间高速运转 由于发动机超负荷或长时间高速运转，散热冷却条件差，致使发动机过热 （2）润滑不良 ❶ 机油泵控制杆失调（仅对分离润滑二冲程发动机而言） ❷ 机油管中进入空气（分离润滑二冲程发动机） ❸ 机油箱盖通气孔堵塞（分离润滑二冲程发动机） ❹ 使用机油不良或油量不足 上述原因均会导致机油流动不畅，润滑不良，使气缸与活塞、连杆轴承、曲轴主轴承等部位摩擦力增大，产生过量摩擦热而又不能及时带走这些热量，以致引起局部过热 （3）压力过高 压力过高往往会导致发动机爆震，致使发动机过热，功率下降，引起气缸压力过高的原因有： ❶ 燃烧室积炭过多，积炭往往成为点燃混合气的炽热点和活塞、气缸盖散热的隔离层； ❷ 气缸盖衬垫太薄，使燃烧室实际容积变小，压缩比增大而产生爆炸； ❸ 气缸排气口、排气管及消声器积炭过多，使排气阻力增大，从而加大了发动机负荷，产生过热 （4）点火时间过早或过迟 （5）混合气过浓或过稀 混合气过浓，会使燃烧不完全而产生积炭，影响散热，以致气缸过热；而混合气过稀会使燃烧速度降低，燃烧过程增长，因而气缸温度上升引起过热 阻风门卡住、浮子阀太高、空气滤清器阻塞将使混合气过浓，而主喷油嘴堵塞、浮子阀低于规定值、燃烧滤清器滤网堵塞、燃油箱盖通气孔堵塞等原因均会使混合气过稀。化油器调整不当也会引起混合气过浓或过稀

续表

故障原因	（6）离合器打滑 当离合器打滑时，传递负荷减小，需要提高转速才能满足要求，而提高转速会引起更严重打滑，以致发动机不得不经常处于高转速运转，产生过热 （7）当汽油的辛烷值过低（低于66），或汽油存放时间太久而变质时，发动机在大负荷下工作会引起爆震而产生过热 发动机过热会使发动机产生爆震，功率下降，加速性变差，过热的发动机工作时间太长，还会产生卡缸、轴承咬死等现象，加剧零件的磨损。因此，发现发动机有过热现象时，应立即停车找出原因并排除 发动机过热的原因，可在道路试车中，用测量气缸头温度和润滑油温度是否超出正常工作温度来判断。而在一般行驶中，可用手检查，但不是用手直接接触气缸，而是将手放在靠近气缸结合部位附近的曲轴箱体上。如果手指感到温热，则表示发动机工作温度正常。如果手指感觉较烫但手仍能较长时间放在测量部位，则表示发动机负荷和发热还正常；如果曲轴箱体热得烫手，手不能放在测量部位上，则表示发动机超负荷工作，但还能继续工作，此时应想办法改善其工作条件；如果水滴洒在曲轴箱上，水滴会发出"咝咝"声，则表示发动机出现过热，应立即关闭电路总开关，停车（若发动机不能熄火，则将油门速转至全开位置，即能停车），然后检查原因以便正确排除
故障解决	修复或更换故障零部件

操作视频

第 **5** 章　**传动系统常见故障**

5.1 离合器

5.1.1 离合器的作用

离合器是依靠摩擦元件的摩擦力来传递动力的。

离合器的功能是：

① 使发动机曲轴与传动系统能平稳、柔和地接合，以保证摩托车平稳起步；

② 使发动机曲轴与传动系统能迅速、彻底地分离，以保证摩托车在变速换挡时不产生冲击；

③ 能防止传动系统的零件由于载荷过大而损坏。

5.1.2 常见故障及原因分析

（1）离合器无法分离并有异响（表5-1）

表 5-1　离合器无法分离并有异响

故障现象	离合器无法分离并有异响
故障诊断	离合器分离不彻底，行驶中曲轴箱有异响，声音忽高忽低，而且容易熄火。熄火后，手握离合器手柄使离合器无法分离，前后都推不动，初步分析为离合器损坏所引起的故障，排空曲轴箱内机油 打开偏箱进行检查，发现离合器片和离合器小片都是全新的。拆下离合器总成进行检查，各部件都符合维修手册的要求标准 用手晃动主轴时发现主轴与主轴启动齿轮间隙过大，超过极限值，需要进一步对发动机进行分析检查 将发动机拆解开，发现主轴轴承保持架已经全部断裂，钢珠脱落，主轴启动齿轮内的铜套已经磨没。由于主轴轴承损坏，导致主轴阻力增大，动力输出不均匀 更换受损部件，复原车辆，试车，故障彻底排除
故障原因	主轴轴承损坏
故障解决	更换受损部件

（2）离合器操纵手柄过紧（表5-2）

表5-2 离合器操纵手柄过紧

故障现象	离合器操纵手柄很沉重，经常发生断离合线故障
故障诊断	离合器磨损、离合摇臂产生锈渍（阻力增大）、离合线内有杂质、离合器操纵手柄与把座不匹配，这些都会产生影响 取下离合线，用手拽下离合线进行检验，感到很顺滑，没有任何卡滞现象，再用开口扳手搬动离合器摇臂进行检查，确认回位性也很好，说明不存在离合器摇臂转动阻力过大现象 在检查离合器时发现该操纵手柄不是原车的，是改装自其他车型的，由于摩托车配件的差异性，存在通用性问题，虽然把离合器的操纵手柄的开口磨大了，但还是无法满足离合线能够在里面的自由转动，反复折离合线接头，导致离合线接头处容易折断
故障原因	离合器的操纵手柄不是原车配件
故障解决	更换原车的离合器操纵手柄

（3）离合器打滑故障（表5-3）

表5-3 离合器打滑故障

故障现象	发动机工作时，松开离合器把手，摩托车起步困难，车辆行驶时，跑不了高速、陡坡上不去。加大油门时，虽然发动机的转速很高，但摩托车的速度很低
故障诊断	先检查离合器拉索的自由行程，如不符合要求，应进行调整 拆开发动机，检查离合器压盘的压紧螺钉是否松动。若松应紧固；若未松动，应拆下弹簧，检查其自由长度。如果自由长度不符合要求，应更换 检查摩擦片是否磨损严重，如果摩擦片超过磨损极限，应更换。摩擦片的磨损极限如果小于要求，应更换

续表

故障原因	❶ 摩擦片磨损严重，厚度变薄，从而减小了离合器主动摩擦片与从动摩擦片的压力，使摩擦力减小 ❷ 离合器弹簧的压紧螺钉松动，或弹簧的自由长度变短、失效，使离合器弹簧施加给离合器压盘的压力减小，从而减小了摩擦力 ❸ 离合器的拉索调整不当，无自由行程。这会使离合器挺杆顶起离合器压盘，使离合器压盘对摩擦片的压力减小
故障解决	更换损坏的零件

（4）离合器分离不彻底故障（表5-4）

表 5-4　离合器分离不彻底故障

故障现象	发动机在挡位上时，握住离合器把手，启动困难，其现象有： ❶ 摩托车起步挂挡时，车辆发冲； ❷ 摩托车行驶时，发动机易熄火
故障诊断	离合器分离不彻底是指在握住离合器把手时，离合器主动摩擦片仍与从动摩擦片保持接触，发动机的动力仍有一部分传递到后轮上 检查调整离合器拉索的自由行程 检查离合器拉索是否有断股现象，如有应更换 拆开发动机，并分解离合器，检查离合器主动毂槽内有无裂纹、磨损、毛刺，如有，可用锉刀修理或更换 取出从动片，检查从动片有无变形，如果变形超过极限0.05mm，则应更换
故障原因	❶ 离合器拉索调整不当，自由行程太大，使得握住离合器把手时，离合器挺杆不能顶起离合器压盘或压盘顶不到位，压盘仍压住摩擦片 ❷ 离合器拉索有断股现象 ❸ 离合器主动毂槽有凹坑、毛刺或裂纹，使摩擦片不能在槽内活动自如，操纵离合器把手时，离合器挺杆虽然能顶起离合器压盘，但摩擦片被卡在离合器主动毂槽的凹坑里，使主动片与从动片仍然保持接触

故障解决	离合器拉索的自由行程太大，则调整离合器拉索 离合器拉索如果有断股，则需要更换 离合器如有损坏、严重磨损，则需要更换

（5）冷车起步时离合器分离不彻底（表5-5）

表 5-5　冷车起步时离合器分离不彻底

故障现象	冷车起步时，离合器分离不彻底，换挡时发冲和熄火，热车时则一切正常
故障诊断	冷车时机油黏度过大，使离合器不能完全分离 使用黏度稍低的四冲程汽油机专用润滑油，待冷车时试车，故障依旧 将离合器拉索的自由行程调小，试车，故障依旧 将怠速稍调高些，即启动时动力大一些，试车，车辆离合器顺利分离，故障排除
故障原因	发动机怠速稍低，发动机输出动力不足，不能使初速为零的车辆起步
故障解决	调整发动机怠速

（6）离合器打滑，车辆起步困难（表5-6）

表 5-6　离合器打滑，车辆起步困难

故障现象	离合器打滑，车辆起步困难 车辆要行驶时，无论如何加油车速都提升不上去
故障诊断	检查离合器自由行程，发现离合器没有自由行程；调整离合器自由行程后试车，故障依旧 将变速箱内的机油全部放尽，拆开发动机右罩，拆卸并分解离合器 检查离合器摩擦片的厚度，为 1.5mm，超出磨损极限 2.8mm 更换摩擦片，重新装配离合器，试车，故障排除

续表

故障原因	由于离合器拉索调得过紧，造成左右分离推杆等零件顶起离合器压盘，离合器弹簧的弹力没有完全作用在摩擦片与从动片上，在摩托车行驶且负荷增大时，摩擦片与从动片产生相对滑动，从而使摩擦片磨损，时间越长，磨损越严重
故障解决	更换摩擦片

（7）离合器打滑严重，起步时必须加大油门（表5-7）

表 5-7　离合器打滑严重，起步时必须加大油门

故障现象	离合器打滑严重，起步时必须加大油门
故障诊断	离合器打滑严重，起步时必须加大油门，提高发动机转速才能勉强前进。正常行驶时必须慢慢加大油门，若突然加油门，发动机则会空转 　　机油符合使用说明书的技术要求，离合器自由行程良好，离合器调整螺钉也在正常位置。趁热机状态放出曲轴箱内润滑油，拆卸右曲轴箱盖及离合器传动齿轮，未发现不良现象 　　分解离合器，持游标卡尺测量摩擦片1、2的厚度及不平度，已严重超差。摩擦片1的厚度只有2.45mm（标准值为2.90mm），摩擦片2的厚度仅为3.10mm（标准值为3.70mm） 　　将离合器齿盘放在标准平台上用塞尺片测量，其翘曲度已达0.30mm（标准值应小于0.10mm），说明该车辆的摩擦片和离合器齿盘已严重超差，它是造成离合器打滑，引起发动机转矩传递力急剧下降的主要原因 　　更换离合器摩擦片1、2及离合器齿盘，复原车辆，起步上路试车，摩托车起步正常，离合器打滑及发动机空转现象消失，确认原故障排除
故障原因	离合器摩擦片1、2及离合器齿盘损坏
故障解决	更换离合器摩擦片1、2及离合器齿盘

5.2 变速器

5.2.1 变速器的作用

变速器的作用主要是改变传动比，变换传递到驱动轴上的转矩和转速，以适应在不同道路条件下的行驶，充分发挥发动机的动力性和经济性。此外，还可以利用变速器的空挡，使发动机启动，怠速，停车。

在齿轮的传动中，从动齿轮的齿数与主动齿轮的齿数比，称为齿轮的速比。速比大，则转矩大；速比小，则转矩小。

变速器有有级变速器和无级变速器两大类。有级变速器又分为齿轮移动式和齿轮常啮合式两种。目前无级变速与齿轮常啮合式有级变速器在摩托车上采用得比较多。

5.2.2 常见故障及原因分析

（1）变速器换挡困难故障（表5-8）

表 5-8　变速器换挡困难故障

故障现象	摩托车在起步时挂挡或在行驶中变换挡位，变速踏板踩不下 有时踩下去后不回位；有时能踩下，但能听到齿轮的撞击声，齿轮难以啮合
故障诊断	启动发动机，握住离合器把手，将变速器挂上挡位，如挂挡时听到齿轮撞击声，挂挡后，在不释放离合器把手的情况下，车辆仍自行向前移动，说明离合器分离不彻底 掌握正确的驾驶方法，操纵变速器。拆开发动机检查推拉臂有无变形，弹簧是否失效 检查变速凸轮轴表面有无磨损、划伤，槽内有无毛刺，定位销有无损坏 检查换挡推拉臂钩与凸轮轴定位销的间隙，两边应一致。如不一致，调整偏心螺钉。调整后固紧螺母 检查变速拨叉表面有无磨损、变形。如有，应更换 检查主轴齿轮和副轴齿轮的齿面有无磨损。如有，应更换

续表

故障原因	❶ 离合器分离不彻底。在挂挡时，主轴齿轮和副轴齿轮都高速运转，齿轮啮合不进，因此出现撞击现象 ❷ 驾驶员操作不正确。挂挡或变换挡位时，要先握住离合器把手，再挂挡或增加挡位，然后根据车辆行驶的速度，稍微加大油门，使发动机转速接近于增加挡位后的车速，即离合器摩擦片与从动片的转速接近，最后松开离合器把手。这样就不会发生车辆发冲、齿轮撞击现象。减少挡位时，则依次握住离合器把手，减挡，适当降低发动机转速，然后释放离合器把手 ❸ 变挡机构推拉臂变形，弹簧失效 ❹ 变速凸轮的定位销损坏，凸轮轴槽有毛刺或变形，使变速拨叉销不能在槽内灵活滑动 ❺ 变速拨叉变形、磨损 ❻ 主轴齿轮和副轴齿轮磨损变形
故障解决	更换损坏的零件

（2）变速器跳挡或脱挡故障（表5-9）

表5-9　变速器跳挡或脱挡故障

故障现象	摩托车在行驶中，驾驶员并未拨动变速踏板，发动机却突然脱掉负荷，车速降低，变速器齿轮脱离正在工作的挡位，发动机转速急增
故障诊断	拆开发动机，分解变速器，检查变速装配是否正确 检查齿轮的啮入端是否磨损成锥形，或磨成较大的圆角。如有，应更换 检查齿轮啮入深度是否符合齿轮正常工作的啮入量 检查拨叉与凸轮轴槽的配合间隙是否过大。如间隙过大，应更换拨叉或更换凸轮轴 检查主动轴、副轴的花键齿，滑动齿轮的花键槽是否磨损严重。如严重，应更换 检查凸轮轴的定位销、推拉臂有无磨损变形。如有，应更换

续表

故障原因	❶ 变速器装配不正确 ❷ 长期使用后，主轴齿轮和副轴齿轮的啮端严重磨损成锥形，因此稍有轴向作用力产生便立即跳挡 ❸ 变速拨叉变形，或变速凸轮轴槽由于长期使用而严重磨损，使配合间隙增大，位置难以固定，齿轮啮入深度不够 ❹ 花键轴的花键齿与滑动齿轮的花键槽磨损松动，使齿轮工作时产生较强的轴向力 ❺ 变速凸轮轴的定位销磨损、变形，推拉臂变形
故障解决	更换损坏的零件

（3）空挡无法定准故障（表5-10）

表 5-10　空挡无法定准故障

故障现象	空挡无法定准
故障诊断	拆开发动机底部的封闭螺塞，检查是否漏装了弹簧或柱销，如发现漏装，应重新配上 　检查柱销，应与孔间隙配合，并将销取出检查，定位端应为光滑无损的圆弧状。装入后用力向内压，试挂空挡，检查空挡定位效果，如因磨损变短而失去定位作用，应将柱销更换 　检查弹簧长度和弹力，螺塞扭进后，螺塞内面与柱销间的包容尺寸应小于弹簧高度，即能自由松动，应有弹力作用于柱销，否则应更换稍高弹簧或适当加垫，使柱销获得足够弹力
故障原因	❶ 空挡定位的柱状弹簧销子严重磨损，特别是端部磨去后，不能产生定位作用 ❷ 定位销在孔中被杂物卡住，不能动弹 ❸ 弹簧软，弹簧折断或过短，销子不能向外弹出定位 ❹ 误拆螺塞，使机油连同弹簧、柱销一起排出，又没有将弹簧及柱销同时装回，完全失去定位作用
故障解决	更换或修复损坏的零件

（4）无法挂入一挡故障（表5-11）

表 5-11　无法挂入一挡故障

故障现象	无法挂入一挡
故障诊断	故障是在保养之后出现的，当时还对漏油进行了检修 　维修漏油时更换的螺栓尺寸过长，长出部分位于变速凸轮板上方，限制了变速凸轮板的转动角度，从而使车辆挂不上挡。按原螺栓标准更换后，没有一挡的故障便被排除了
故障原因	变速器右盖的固定螺栓有松动或脱落现象，导致变速器右盖处漏油。安装的螺栓比原车的螺栓要长
故障解决	更换原车尺寸的螺栓

（5）四挡脱挡故障（表5-12）

表 5-12　四挡脱挡故障

故障现象	四挡脱挡
故障诊断	除凸轮板压配面磨损过度外，其余的不需要拆卸发动机就可以修理，如固定凸轮板压配组合的四个固定螺钉松动，可以打开发动机左盖，把板上的四个螺钉紧固 　其他几种原因可从发动机右侧解决，即把变速主轴链轮拆下，取出齿轮轴承密封圈和发动机齿轮轴承卡圈，用手往里推动齿轮，根据间隙大小可加上 1 ～ 3 个盖板，然后再把右盖装好即可
故障原因	❶ 零件质量不合格 ❷ 变速主轴三挡齿轮的六个凸台与转动齿轮组合磨损过度 ❸ 转动壳轮和曲轴箱合拢面距离大于1.97mm ❹ 拨叉组合被磨损 ❺ 固定凸轮板压配组合的四个固定螺钉松动 ❻ 凸轮板压配面磨损过度
故障解决	更换损坏的零件或调整相关的零部件

（6）换挡困难故障（表5-13）

表 5-13   换挡困难故障

故障现象	各挡位均不到位，挂挡时齿轮发出强烈的"咯咯"声，偶尔挂上了挡，行驶中又掉挡
故障诊断	首先用手操纵变速，一切正常，既没有齿轮撞击声，也没有掉挡现象。而改用脚变速时则挂不上挡，即使挂上了挡，行驶中又掉挡 由此断定，手变速机构正常，变速箱内各齿轮配合良好，故障就出在脚变速机构。进一步检查发现，脚变速操纵装置的联动臂和驱动臂结合处的半圆键与联动臂上的键槽磨损变形，使联动臂与驱动臂之间产生了一个活动间隙。用脚变速时，联动臂在变速踏板的带动下使驱动臂转动的角度不够，因此，棘轮、变速凸轮板转动的角度也不够，导致变速拨叉位移的行程也不够。结合套动作不到位，无法与齿轮可靠地结合 调整联动臂与驱动臂之间的活动间隙，试车，故障除排
故障原因	脚变速机构联动臂与驱动臂有活动间隙
故障解决	调整或更换损坏的零部件

（7）三挡自动脱挡、四挡发冲故障（表5-14）

表 5-14   三挡自动脱挡、四挡发冲故障

故障现象	三挡自动脱挡、四挡发冲
故障诊断	三挡脱挡：曲轴箱合拢面至曲轴箱左半部轴衬套端面距离变大（检查时可发现比标准距离大0.8mm） 四挡发冲：曲轴箱合拢面至曲轴箱右半部转动齿轮端面距离变大（检查时发现比标准距离大0.8mm）
故障原因	❶ 拨叉及拨叉导杆因长期使用磨损及变形 ❷ 曲轴箱垫片多（检查时发现有两个垫片）
故障解决	更换拨叉、拨叉导杆，把曲轴箱垫片减为一片。在转动齿轮与滚珠轴承内圈之间，以及曲轴箱左半部副轴衬套与副轴一挡齿之间，分别加上厚度为0.8mm的垫圈。修理后应经行车检验证明各挡位正常

（8）升挡至三挡时自动脱挡、降挡至二挡时不脱挡故障（表5-15）

表5-15 升挡至三挡时自动脱挡、降挡至二挡时不脱挡故障

故障现象	升挡至三挡时自动脱挡、降挡至二挡时不脱挡故障
故障诊断	在拆卸曲轴箱之前，把变速器从二挡挂至三挡。拆卸曲轴箱后，可发现拨叉销未处于凸轮板曲线槽的应有位置，而是滑过头了。凸轮板锁紧装置的定位钢珠，也未处于凸轮板的三挡定位缺口内，也是滑过头了 这种故障实际是三挡挂挡过位脱挡，与一般脱挡不同。一般脱挡是挂挡不到位，而这种情况却是挂挡过了位，导致副轴三挡齿轮与副轴花键的连接长度减少到不足3mm。当加大油门时，在很大的轴向力作用下便使挂挡脱开
故障原因	凸轮板的三挡定位缺口右边棱角被磨圆
故障解决	在右拨爪管外侧下部用电焊机点焊上一个金属点，限制凸轮板的转动幅度，使其能挂挡到位。金属焊点高度一般为3mm，以能控制拨爪下端的转动幅度在14～16mm范围内为宜

（9）三挡脱挡故障（表5-16）

表5-16 三挡脱挡故障

故障现象	三挡脱挡
故障诊断	（1）副轴和副轴三挡齿轮键槽咬合尺寸不合理 　　副轴和副轴三挡齿轮的咬合深度应是6～6.5mm，但因某些部件的制造与装配形成的累计公差的影响，往往只有4mm左右的咬合深度，咬合面也只有48mm² 　　另外，由于摩托车在变速时，副轴和副轴三挡齿轮内、外键槽间轴向往复运动的磨损，以及内、外键槽不等分度的误差，使实际的咬合工作面比上述数值还要小得多。其咬合面越小，所受的压力越大，磨损越严重。对于承受100kg以上不均匀牵引力的键槽咬合面，短期内必然会出现一个在深处磨损小、浅处磨损大的轴向角度 　　加力时，若大于规定板上弹簧锁紧力（轴向力）的话，便会出现掉三挡故障

续表

故障诊断	随着掉挡所引起的咬合面轴向磨损加剧，轴向力会相应增加，横向的牵引力相应地逐渐减小，最后出现一挂三挡就掉的现象 （2）离合器离合不彻底，副轴、副轴三挡齿轮的咬合深度不合理 摩托车在变速时，通过离合器消除轮轴间的负荷力，使拨叉比较轻松地推动齿轮实现变速。若离合器离合不彻底，被拨动的齿轮带着负荷运动，加重了拨叉的负担和键槽的磨损，促使拨叉疲劳、变形或断裂，同时还会造成轮轴间的内、外键槽入头部承受碰击从而破坏了 90°角度，使实际的有效咬合深度只剩下 2～3mm。再加上一般三、四挡挡位的使用次数较多，磨损加快，所以较容易发生脱挡故障
故障解决	（1）解决方法一 副轴和副轴三挡齿轮的咬合尺寸若在 4mm 左右，其修理方法是将副轴垫高 2mm，使咬合深度达到 6mm 以上 为防止影响副轴二挡齿轮向一挡运动时的行程和咬合深度，先将副轴二挡齿轮内键槽用硬质合金刀车深 2.5mm，内径扩大到 20mm（指内键槽根部），然后将垫圈装在二挡齿轮孔径内便加高副轴 为了不影响发动机的组装，可再把副轴右半部铜套的端面削去 2mm，这样便可保持副轴在机体内的总长度仍和改动前一样。副轴加高后，若副轴上的齿轮和传动轴上的 205 轴承发生接触而影响齿轮运动时，再将副轴齿轮端面加工成 2×20°倒角，就可消除此种障碍 （2）解决方法二 当副轮和副轴三挡齿轮内、外键槽的槽向咬合的磨损达到深 1.5mm 时，再进行调整。但在计算轴轮的咬合深度时，一定要加上轴和轮被削掉的尺寸，使实际的有效咬合深度仍然保持在 6～7mm 以内 加高副轴的高度是由垫圈的厚度来决定的。当副轴加高尺寸超过 2mm 而出现装机困难时，则应采用铜套端面和副轴上的齿轮端面一起削减的办法来达到同样效果。 此外，在使用这种加垫圈增高副轴的方法时，应特别注意检查一下，不要让副轴和副轴三挡齿轮的咬合尺寸超过 7mm，否则将影响一、二挡和三、四挡之间的空挡位置，并使变速齿轮出现死角而无法运动，这是很危险的。所以在组装前必须使两个空挡正常后，才能按顺序进行装机

（10）二挡齿轮打齿故障（表5-17）

表 5-17　二挡齿轮打齿故障

故障现象	二挡齿轮打齿
故障诊断	采用不同方法排除打齿故障，如利用主轴与轴承之间加垫的方法垫高主轴和二挡啮合花键位置，使其符合规定尺寸要求；修磨凸轮板曲线槽毛刺，使拨叉销运动灵活，如果铜套磨损可以换新的
故障原因	❶ 主轴花键至主轴承端面距离小于 73.5mm，使主轴二挡啮合花键位置降低 1mm 左右。当挡位由二挡进入三挡时，三挡齿轮已啮合，而二挡齿轮尚未完全脱开，这时变速箱内同时有两种转速作用于主轴，于是发生顶撞而打齿 ❷ 控制二挡齿轮的拨叉销在凸轮板曲线槽内移动不灵活，致使从二挡至三挡变速时其啮合与脱开不能同时进行，此外若导杆弯曲或拨叉变形，也会造成打齿 ❸ 由于副轴左端衬套磨损严重，改变了一挡、二挡齿轮啮合间隙而发生与齿顶住的情况，此时，一挡和二挡变速都会出现打齿 ❹ 在三挡行驶时，由于没有降低转速而猛换二挡，这种情况也会发生打齿现象
故障解决	修复或更换故障零部件

（11）跳挡故障（表5-18）

表 5-18　跳挡故障

故障现象	当摩托车从低速挡换入高速挡时，必须将脚尖用力踏着，否则就会自动往上跳挡
故障诊断	如果在换三挡时脱挡，则是因为拨叉销与凸轮板曲线槽的中心位置不对（拨叉销靠向了二挡位置一边） 　　在换四挡时脱挡，一般是由于 26 齿齿轮的 6 个凸台与转动齿轮相配合的 6 个孔磨损，或是导杆与相关孔磨损而使 26 齿齿轮抬不到应有的位置有时是由于凸轮板四挡位置牙槽与拨叉销在曲线槽内位置不一致，拨叉销还没有靠到头，或过早靠到头，妨碍了止动弹簧钢球进入四挡牙槽

故障诊断	此外，如在由低速挡变向高速挡时还未行驶就换挡，也会发生向上脱挡故障 当发生向上脱挡故障时，需用脚踏着不让拨叉往上跳，但这只能是暂时的措施，时间一长会使拨叉折断。对于四挡脱挡故障，一般是取下小链轮和转动轮油封，在卡簧下面加垫片，如果几个挡位同时出现脱挡，最好是开箱更换凸轮板、拨叉和导杆等，按规定调整各挡位置
故障原因	凸轮板固定销磨损，以及固定挡位的锁紧装置磨损，使凸轮板转动方向的间隙增大所致
故障解决	更换损坏的零部件

（12）摩托车在行驶中经常脱挡故障（表5-19）

表 5-19　摩托车在行驶中经常脱挡故障

故障现象	摩托车在行驶中经常脱挡
故障诊断	出现脱挡后，首先拆开左盖，拆下启动齿轮固定板，然后将挡位先后拨到一挡和四挡，看两个拨叉销在凸轮板曲线槽中的位置。仔细观察两个拨叉销，其周边到槽端的距离是否相等，若相等（约 1mm），说明变速机构基本上没有毛病，可能是操作技能问题；若不相等，说明变速机构有存在问题；需打开发动机左、右部分进行检查
故障原因	变速机构为凸轮结构
故障解决	调整或更换损坏的零部件

（13）车辆行驶时动力不足（表5-20）

表 5-20　车辆行驶时动力不足

故障现象	加油门时车速上不去，发动机有闷车现象

故障诊断	检查化油器：松开化油器浮子室放油螺钉，检查其油位，正常 检查火花塞：拆下火花塞，检查其主、侧电极颜色，为棕红色，用手指塞住气缸盖火花塞孔，脚踩启动踏杆，有一股气体进出，说明压缩压力正常 接着又检查整车及发动机的电气系统，未发现有断火及火花微弱的迹象 将中撑支起，加大油门（即无负载状态），发动机声音正常，提速无任何滞后感。为确认故障，模拟路试负载工况，人为锁住后制动器，同时加大油门，发动机声音明显发闷，由此判断该故障是由变速系统异常引起的 拆下前、后左侧盖，拆下离合器检查其蹄块无打滑痕迹，齿形皮带已磨损，其宽度与标准值相差约 2.5mm 分解变速器，变速器内部的六个滚子已严重磨损，连变速器内的滚道也被磨成不规则的凹坑 原来是滚子在变形的滚道内活动受阻，加油门提速时，变速器内的滚子不能甩出，且齿形皮带也已磨损 更换新变速器及齿形皮带，复原车辆试车，一切正常，故障排除
故障原因	变速器内部零件损坏
故障解决	更换新变速器及齿形皮带

（14）空挡指示灯常亮（表5-21）

表 5-21　空挡指示灯常亮

故障现象	关闭电源开关后空挡指示灯仍亮，此时，按喇叭开关或开转向灯开关，空挡指示灯才熄灭
故障诊断	询问车主得知，该现象在更换点火电源线圈总成后出现，疑是空挡指示灯线束短路 拆下小链轮盖，发现空挡指示灯导线夹在磁电机边盖内，松开磁电机边盖螺钉，移出空挡指示灯导线，用绝缘胶布包好并复原车辆。启动摩托车，关闭电源开关，空挡指示灯熄灭，故障排除
故障原因	空挡指示灯线束短路
故障解决	修复空挡指示灯线束

5.3 后传动装置

5.3.1 链传动的结构

链条传动结构简单，机械零件少，制造和检修都很方便。其组成除链条本身外，还有变速器副轴末端的主动链轮和后车轮上的从动链轮

从动链轮用螺栓固定在缓冲体上，缓冲体通过橡胶缓冲块与轮毂连接，这样车辆在变速换挡时动力就不是金属件的硬性传递，而是通过橡胶件的柔性传递，避免了机件的损坏，提高了骑乘的舒适性。

5.3.2 齿轮传动

齿轮传动是后传动的传动方式之一，齿轮传动并不是指整个传动系统都由齿轮组成，而是由齿轮和链条共同组成，因为它的全部传动系统都装在一个封闭的箱体内，所以人们习惯称它为齿轮传动。

齿轮传动具有结构紧凑、传动效率高、使用寿命长的优点，但它不适做大中心距的传动，因此仅用于小型轻便摩托车。

该齿轮传动系统的工作原理为：当曲轴旋转时，曲轴上的齿轮将动力传给副轴，副轴带动主动链轮旋转，主动链轮带动终传动轴上的从动链轮旋转，从而使终传动轴上的齿轮带动后轮轴上的齿轮旋转，进而把动力传递给后轮，驱动摩托车前进。

5.3.3 齿轮箱式传动

轻便摩托车中采用无级变速时，大都在后轮上装有减速器，也叫齿轮箱式传动装置。

5.3.4 常见故障及原因分析

摩托车链条经常脱落（表5-22）。

表5-22　摩托车链条经常脱落

故障现象	传动链条经常脱落现，行驶时杂音较大
故障诊断	检查车辆传动机构，发现链条、链轮磨损尚未达到极限，且链条也松紧恰到好处。再看前后链轮，也未发现有游隙过大和固定螺栓松动现象

续表

故障诊断	原地着车，加挡使后轮旋转，发现在换挡加油时，链条抖动厉害，再加大油门使后轮高速旋转，链条在剧烈抖动一会后又脱落了。看来造成链条抖动的原因就是故障源。熄火用手握住后轮左右晃动，发现后轮左右摆动间隙很大，原因是固定后轮的后叉与大架相接的合成套损坏 　分解后轮及后叉，发现后叉套已锈死在后平叉里面，两个钢套之间的缓冲橡胶磨损严重超限 　更换后叉套和缓冲橡胶，路试，故障排除
故障原因	车辆链条易脱落的原因有： ❶ 链条、链轮磨损达到使用极限或链条过长； ❷ 后链轮固定螺栓松动或前小链轮活动间隙过大； ❸ 前后传动链轮不冲； ❹ 链条链轮运转时与"打架"、后叉等部件碰撞； ❺ 后平叉上下运转处出现左右大幅度松动
故障解决	更换后叉套和缓冲橡胶

第 6 章　行驶、操纵系统常见故障

6.1　悬挂装置

6.1.1　摩托车悬挂系统的作用

主要是两个基本功能：一是隔离、消化来自路面的颠簸、振动，保障骑手和乘客的舒适安全；二是为骑手的转向等操控提供支撑。

现代摩托车悬挂系统的典型配置是前轮采用双前叉，后面安装单筒或双筒减振器。

摩托车在行驶中，特别在不平坦的路面上行驶时，车轮会受到来自路面的连续冲击力和发动机振动等引起的作用力。这些力都会传递至车架上，形成对摩托车的强烈振动，容易引起驾驶员的疲劳，零件发生机械疲劳。为了缓和摩托车在行驶中受到的冲击力和振动，改善行驶的平稳性和安全性，在摩托车设计时，除了采用充气轮胎外，在悬挂装置中还设置了弹性元件和阻尼器，以此来迅速衰减振动。

控制衰减作用的方法有两种：一是利用相互摩擦；二是利用气体和液体的流动阻力，无论哪一种方法，都是把吸收的能量转换成热能散失掉。因此，必须根据不同用途的车型，设计和正确选择经济合理的悬挂装置。

6.1.2　常见故障及原因分析

（1）摩托车后减振器发生明显的撞击声（表6-1）

表 6-1　摩托车后减振器发生明显的撞击声

故障现象	在不平坦的路面上行驶时，后减振器发生明显的撞击声
故障诊断	该车后减振器由弹簧和液压减振装置组成，当摩托车在不平坦的道路上行驶时，若减振筒内油液缺乏，遇到颠簸时减振器伸缩行程会明显增大。这样，伸长时减振筒因拉到尽头就会碰出响声 　　检查摩托车是否出现这种故障时，可用力压缩后减振器，然后松开，使其伸长。发现在伸长时有撞击声，即说明减振筒内油液不足。但由于这种减振器的组件不可拆卸，所以只能更换减振器，车的减振性能才能恢复
故障原因	后减振器损坏
故障解决	更换后减振器

（2）摩托车前减振器故障（表6-2）

表 6-2　摩托车前减振器故障

故障现象	行驶时，方向把抖动，前减振器没有减振作用
故障诊断	一般前减振器有两个地方容易漏油：一是前减振器柄管油封处；二是前减振器底部放油螺钉处 油封漏油的原因一般有：油封的橡胶磨损老化，或油封的骨架变形，前减振器柄管受冲击后变成椭圆形，使油封无法封住减振油 前减振器底部放油螺钉处漏油的原因是：螺钉孔端面不平，或漏装紫铜垫圈。紫铜垫圈在螺钉拧紧后，能产生变形，起密封作用 检修时，可根据前减振器外部状态，观察漏油的部位。如果油迹在油封处，应分解前减振器，更换油封。重装油封前，应检查装油封处的内圆表面有无毛刺，如有毛刺，应用砂纸打磨光。否则，油封会被拉伤 如果更换油封后还会漏油，应检查前减振器柄管有无弯曲变形，是否为椭圆形，如有椭圆形、弯曲变形等现象，应予矫正 如果油迹在前减振器下端，则是放油螺钉没有拧紧或者没有放垫片而引起的。当需要加垫片时，应将前轮支起，取下放油螺钉和柄管上端的堵盖，待放净减振油后，用布擦净放油螺钉 如果找不到紫铜垫片，也可用一个钢制垫片加一个石棉垫片代替。但要注意，不能只装钢制垫片，因为钢制垫片封不住油 装好放油螺钉后，从柄管的上端加规定数量的减振油，然后装上堵盖即可
故障原因	前减振器漏油
故障解决	修复或更换损坏的零部件

6.2　车轮

6.2.1　车轮的作用

车轮是摩托车的行走装置。前轮是方向轮，后轮是驱动轮。车轮的作用主要是支撑车重，保证与路面有良好的附着作用，确定摩托车的行驶方向，传递转矩和制动力矩，与悬挂装置起吸收和缓和路面的冲击和振动。

车轮由轮胎、轮辋、轮毂、辐条（板）、轴承、油封、制动器等组成。

6.2.2　常见故障及原因分析

（1）行驶中后轮甩动（表6-3）

表 6-3　行驶中后轮甩动

故障现象	摩托车行驶时，驾驶员感到车辆的平稳性、舒适性差，产生这种现象的原因是后轮甩动
故障诊断	❶ 后轮钢圈变形，呈"8"字形，检修时可检查后轮的轴向跳动和径向跳动。如果超过 2mm 的规定限度，就应该调整辐条 ❷ 轮胎气压不足也会造成甩动，所以应检查轮胎气压，如果气压不足，应充气 ❸ 后减振器内减振油不足，也会造成后轮甩动，此时应检查减振器有无漏油现象，如有，应调整或更换零件 ❹ 后摇架与车架连接轴由于磨损严重，造成轴与孔配合间隙过大，行驶中后轮就会甩动。检查方法是用手扳动后摇架，检查间隙是否过大，如确实过大，就应更换后摇架轴承
故障原因	根据车辆的情况进行分析
故障解决	修复或更换损坏的零部件

（2）车轮转动不灵活（表6-4）

表 6-4　车轮转动不灵活

故障现象	车轮转动不灵活
故障诊断	将前轮悬空，用手转动前轮，前轮转动不灵活，或将变速器挂空挡，用手转动后轮，后轮转动亦不灵活。估计是由于轮毂带刹造成的
故障原因	❶ 前制动拉索或后制动踏板的自由行程调得过小或没有自由行程，造成还没有操纵制动握把，或还没有踩下制动踏板时，制动蹄块的摩擦片就与轮毂接触而带刹。检修时只需调整前后制动器的自由行程即可 ❷ 制动蹄块的拉簧失效或脱落，使制动蹄块接触轮毂而带刹

续表

故障原因	❸ 检修时需分解车轮，检查制动蹄块的拉簧是否失效，有无脱落，如果拉簧失效，没有多大弹性，应予更换。如果拉簧脱落，应仔细挂好 ❹ 制动鼓盖被撞变形，使制动凸轮或制动蹄块定位轴歪斜，从而导致制动蹄块局部接触轮毂带刹。检修时，可检查制动鼓盖是否变形，制动凸轮轴、制动蹄块定位轴是否歪斜。如果歪斜，应矫正，矫好后，可将制动蹄块与制动鼓盖好，并在制动蹄块的摩擦片表面涂一层白粉，然后插进轮轴，装进轮毂里，转动几圈，再取出来，观察有无局部被磨去而产生黑印，如果有，可用锉刀将有黑印的部位稍许锉掉一点，这样也可排除轮毂带刹现象 ❺ 轴承损坏，使车轮转动不灵活，也会造成类似轮毂带刹的现象，检修时可检查轴承的润滑状态，如果轴承因缺少润滑，使轴承磨损，应予更换，并涂上适量的润滑脂 ❻ 轮子轴承之间的衬套漏装或偏短，造成轮子转动不灵活。每个轮子两端各有一个轴承，两个轴承之间有一个衬套，这个衬套顶着两个轴承的内环，装配轮子时，随着轮轴螺母的拧紧，两个轴承内环和衬套受到轴向力的作用，正常时对轮子转动无影响，但如果漏装衬套或衬套偏短不起作用，那么在拧紧轮轴螺母时，轴承内环、滚珠、轴承外环和轮毂就都参与传递轴向力。此时，滚珠不能灵活转动，轮子也就不能灵活转动。如果轮子在这种状态下工作，就会加剧轴承磨损。检修时，先取出轮轴，手指伸入轴承孔内，看是否能摸到中间衬套，如果没有中间衬套，或者感到中间衬套有轴向窜动，应拆卸轴承，安装或更换中间衬套，再装回轴套。安装后，当两个轴承的外环都靠到轮毂的定位台阶时，轴承的内环应将中间衬套紧紧夹住。否则，应重新选配中间衬套
故障解决	修复或更换损坏的零部件

6.3 制动装置

6.3.1 制动装置的作用

制动装置的作用是给摩托车车轮施加一个阻止其转动的力矩，达到减速直至停车的目的，一般摩托车的前轮制动器用手操纵，后轮制动器靠脚操纵，也有用手操纵的后制动器，如一些轻便摩托车。

6.3.2　常见故障及原因分析

刹车时制动毂有响声故障分析见表6-5。

表 6-5　刹车时制动毂有响声

故障现象	刹车时制动毂有响声
故障诊断	制动时，若制动毂内发出尖利的刺耳声，则说明制动毂内有故障，应停车检修 由于长期使用，制动蹄片严重磨损，使制动蹄块与制动毂摩擦而发出异响。此时，应卸下制动蹄摩擦片，修理摩擦片表面并清除杂物，故障即可排除
故障原因	制动蹄片磨损、有杂物
故障解决	更换制动蹄片、清理制动器上的杂物

6.4　操纵部分

6.4.1　操纵机构的作用

直接控制行车方向、行驶速度、照明和信号等，以确保行车安全。它主要包括：油门转把、减压阀手柄、离合器握把、变速手柄、前后制动握把等。驾驶员通过操纵机构可以完成发动机的启动、起步、换挡、行驶、停车、熄火等动作。

6.4.2　常见故障及原因分析

（1）方向把抖动（表6-6）

表 6-6　方向把抖动

故障现象	摩托车在行驶中，感觉方向把左右晃动，并且上下抖动
故障诊断	❶ 方向柱轴承调整螺母拧得过松或轴承严重磨损，导致前轮转动起来后，车辆发生左右摆动和上下跳动。检修时先将前轮抬起，双手握住前减振器下部，检查方向柱间隙，如果间隙太大，则调整，调整到方向把既可以左右自由转动，又没有间隙为止

续表

故障诊断	如果调整到没有间隙时，方向把转动不灵活，松开调整螺母后也不灵活，再松开一点又出现晃动，说明方向柱严重磨损。这时，应分解方向柱，检查轴承、轴承座的状态，如缺润滑脂，且轴承座磨损，滚珠磨成半球状，应更换轴承，装复时应在轴承上涂上适量的润滑脂 ❷ 前轮钢圈严重变形，呈"8"字形或径向跳动过大，导致前轮转动起来后车辆发生左右、上下跳动。检查钢圈的径向跳动不超过2mm，如果超过2mm，应调整辐条 ❸ 前减振器弹簧自由长度缩短，或前叉柄管受撞击后变形，或前减振器油量不足，使前减振器失去减振作用，也会造成方向把故障 检修时，检查前减振器下部放油螺钉处和减振器上部的油封有无漏油现象，如果有漏油现象，应分解减振器，检查油封、放油螺钉下部的垫圈有无变形。如有变形，应更换 ❹ 检查弹簧的自由长度，如自由长度变短，小于规定的极限长度，应予更换 检查前减振器柄管的直线度，如弯曲，应矫正 ❺ 前轮轮胎充气过足。摩托车行驶时，前轮轮胎也能起一定的减振作用，若轮胎充气过足，减振作用则相应减小，因而应放气
故障原因	❶ 方向柱轴承调整螺母拧得过松或轴承严重磨损 ❷ 前轮钢圈严重变形 ❸ 减振器弹簧过短 ❹ 前轮轮胎充气过足
故障解决	修复或更换损坏的零部件

（2）摩托车行驶跑偏（表6-7）

表6-7 摩托车行驶跑偏

故障现象	行驶跑偏，就是摩托车在行驶中必须用力握住方向把，稍一松动，车辆就会偏离原前进直线
故障诊断	❶ 检查方向柱的间隙，间隙过大，方向柱轴不起作用，造成转动不灵活；间隙过小，方向柱很紧，也会造成转动不灵活，均应调整

故障诊断	❷ 检查前减振器的装配是否正确，前减振器相对于上联板的位置应左右一致，一般前减振器上端应与上联板的安装孔平齐。如果装配不正确，应松开上联板和下联板的螺栓，重新装配前减振器 ❸ 将方向把扶正，在车辆前方或后方观察前后轮是否在一个平面内，如不在一个平面内，且相差很大，可检查后轮轴位于后摇架左右两边位置的刻度是否一致。如不一致，应进行调整，方法如下 　拆下开口，松开后轮轴螺母和链轮轴螺母，转动调节螺栓，使两边的刻度一致。此时，应注意链条的自由间隙。调好后，分别将链轮轴螺母、后轮轴螺母拧紧，装上开口销 ❹ 检查方向柱与上下联板是否垂直，如不垂直，应进行矫正，方法是：把下联板用压力机或其他可靠方法夹固，在变形的孔中夹入撬棒或旧叉管，用撬棒调正，至两条叉管夹入后，与转轴线三者相互平行为止，通过这样矫正的联板，再不会使前叉一高一低了，因而所出现的跑偏现象也就消除 ❺ 通过以上检查、矫正，如仍然出现前后轮不在一个平面内，说明车架、后摇架变形，应分解整车，予以校正
故障原因	（1）车身 　摩托车受过碰撞后，或严重超载时，致使转向轴线与车身主体中心不在一个平面上 （2）后摇架 　因碰撞或超载使后摇架弯曲或扭曲，影响前后轮共面 　此外，因后摇架与车体连接轴或孔磨损过度，安装不慎等缘故，造成后轮左右偏摆或倾斜 （3）前后车轮 　轮圈严重翘曲、外胎厚薄不匀或旧轮胎充气后弯曲，轮胎气压不足时扁瘪的轮胎在不平整的路面行驶时，辐条松动或轴承松动，轮轴未将轮毂紧固，使车轮倾斜或顺轴向偏移，后轮轴调整不当或前后轮轴上加垫不合理，使车轮偏离正常位置 （4）前后减振器 　柄管弯曲，使前轮倾斜；两侧减振弹簧力和减振器油液量相差悬殊，致使减振器的连接平面受力不一，轮子便倾斜 　后减振器一边严重损坏，失去支撑能力，使后轮倾斜

续表

故障原因	其他因素。如转向轴与其配合件过度损伤或调整不当而松动，转轴与下联板不垂直，使前叉以及前轮倾斜，在安装前叉时，上下联板没有对准，负载过重而使重心左右偏移大时，也有跑偏的感觉 　此外，方向柱转动不灵活，车辆也会失去自动平衡的能力
故障解决	修复或更换损坏的零部件

第 7 章　电气系统常见故障

7.1 电源系统

7.1.1 电源系统的组成

摩托车的电源系统主要包括蓄电池、磁电机和调压整流器。

7.1.2 常见故障及原因分析

（1）摩托车不能充电故障（表7-1）

表7-1 摩托车不能充电故障

故障现象	蓄电池严重亏电，导致车辆不能正常工作
故障诊断	开启点火开关，空挡指示灯亮，按启动按钮，启动电机投入工作，运转无力，不能带动发动机达到启动转速进入启动工况，空挡指示灯几乎熄灭，检验确认蓄电池有严重亏电故障 脚启动发动机，用力踏脚启动杆，发动机顺利启动。断开蓄电池熔丝，检验充电系统。空挡指示灯立即熄灭，说明充电系统故障。断开整流器电缆线束接插件与主电缆线束接插件的连接，使用万用表交流电压挡检测主电缆线束接插件中的单相交流发动机输出的交流电压，万用表一个表笔接黄色线端，另一个表笔接白色线端，在发动机怠速工况，发动机输出的交流电压可达 16V 以上，表明单相交流发动机技术状态良好 怀疑是稳压整流器故障导致充电系统不能有效给蓄电池充电。使用万用表电阻挡检测稳压整流器内的桥式整流器，万用表红表笔接红色线端，黑表笔分别接黄色线端和白色线端，黑表笔接黄色线端时的电阻值为∞（标准电阻值应约为 4kΩ，黑表笔接白色线端时的电阻为 4kΩ，黄色线端存在故障。再用万用表的黑表笔接绿色线端，红表笔分别接黄色线端和白色线端检测，红表笔接黄色线端时的电阻值为∞，标准电阻值应约为 4kΩ）红表笔接白色线端的电阻值为 4kΩ，黄色线端存在故障。根据检测结果分析，是整流器内的黄色线与桥式整流器接端有断路故障，不能继续使用。 更换稳压整流器 连接好断开的蓄电池熔丝，让发动机继续运转一段时间，对蓄电池充电。关闭点火开关，将发动机熄火。再开启点火开关，按启动按钮，启动电机投入工作，发动机顺利启动着火，故障排除

续表

故障原因	导致蓄电池亏电的主要原因有： ❶ 蓄电池故障； ❷ 单相交流发动机故障； ❸ 单相全波稳压整流器故障
故障解决	更换稳压整流器

（2）蓄电池内部短路（表7-2）

表 7-2 　蓄电池内部短路

故障现象	在充电时，短路的蓄电池格比正常的蓄电池格产生气泡较迟也较少，端电压和电解液密度都较低（只略有上升或没有上升），容量很快降低或消失。短路的电池将使极板发生硫化或受到损失
故障诊断	在蓄电池充足电以后，将蓄电池单格上的封口沥青用改锥卸下，把铝连接板正中锯断，提出极板，用蒸馏水冲掉硫酸，把弯曲的极板卸下，先放在45℃以上的热蒸馏水中浸泡预热，然后使用胶木板或玻璃板慢慢将它压直。千万不要多次滚压，以免造成活性物质脱落或极板断裂。极板压直后，换上新隔板，再按原样焊好，装入槽内封焊以后即可充电 蓄电池底部沉淀物堆积过高。蓄电池因长期受振动、撞击或磨损，以及经常过量充电使得极板发热升温，导致极板上活性物质脱落，沉淀在底部。当沉淀物堆积到一定高度后便会与极板下端接触而放电，形成短路
故障原因	由于大电流充放电，导致蓄电池内部温度升高，极板受热膨胀不均匀而产生变形（或产生裂纹），致使隔板受挤压而破裂，于是造成极板之间短路
故障解决	将极板取出，放在蒸馏水或稀电解液中（切勿暴露在空气中），清除完沉淀物后，用蒸馏水把隔板冲洗净，按原样将极板装上并封焊好，便可充电使用。若极板上的活性物质脱落过多，则应更换新极板 注意在组装焊接蓄电池时，落下的铝块或其他金属物，可将正负极连接起来从而引起短路。修理方法是，将单格极板取出，除掉上述杂物后，按原样装好封焊后即可充电使用 极板和容器的衬铅接触也可能引起短路。修理的方法是，将极板扶正，或用垫高的方法使极板与容器的衬铅不接触

（3）蓄电池内部断路（表7-3）

表7-3　蓄电池内部断路

故障现象	充电时，蓄电池内发出强烈的"咝咝"声，并伴有白雾状气体冒出，或干脆充不上电
故障诊断	蓄电池在使用过程中，电流时断时通或无电流，单格电压有时降到1V以下或无电压
故障原因	因极板和极柱间，或是极柱和接线柱之间焊接不良，或断裂，而使蓄电池容量减少不能充放电（断路）
故障解决	将该单格电池取出，用气焊机将接线柱熔断掉，并将极柱的接触面刮净，然后用气焊将铝熔化填入极柱周围，直至蓄电池小盖上的凹槽里充满时，再将接线柱模具套上，继续将熔铝充入模具孔内并填满。待铝冷凝后，取下模具即可 如无接线柱模具，可车削一个带有和接线柱尺寸一样大的锥孔的工件来代替，或用厚铁皮制成圆锥筒亦可。最后放入槽内封焊好 因部分极板脱落而形成局部断路的修理方法是，将极板和极柱上的硫化物刮去，按原样焊好，装入槽内封焊好，即可充电使用

（4）蓄电池极板反极（表7-4）

表7-4　蓄电池极板反极

故障现象	充电时蓄电池电压不易升高，电压容易损失。充电后过了一段时间，出现了正负极互换现象
故障诊断	❶ 有时因某单格蓄电池发生故障未加修理，使整个蓄电池很快放电 ❷ 蓄电池在充电时接错了位
故障原因	此时，它的正极与其他正常蓄电池的负极相连接，而负极则与正常的蓄电池正极相连接，所以正好形成被充电状态，从而出现了正负极反极现象
故障解决	❶ 立即将有故障的电池拆除，经修复后对蓄电池进行一次加强充电，使容量和极性恢复正常 ❷ 先用电表查清负极，再用不同的颜色标注清楚（负极比正极多一片，呈银灰色，正极是棕褐色，与隔板上带槽的一面相接触）

（5）蓄电池极板硫化（表7-5）

表 7-5　蓄电池极板硫化

故障现象	蓄电池极板硫化
故障诊断	充电时电池温度升高，气泡出现过早，在极板上附有白色颗粒状结晶体，极板表面变硬，体积增大，正极板呈浅褐色，有些活性物质从网格中凸出来。因此出现电解液不易渗入极板，电解困难，导电不良，容量显著减少，电解液比重变低
故障原因	经常进行过量的放电（单格电压降到 1.75V 以下），不注意添加蒸馏水而使液面过低，使极板暴露在空气中，在蓄电池还没有充足电的情况下，就拿去使用或长期存放，电解液密度过大，不按时充电和加强充电等，都会使蓄电池极板放电时与硫酸发生化学反应而被硫化
故障解决	对硫化严重的蓄电池，可用较小的电流放电，使单格蓄电池电压降到 1.8V 为止。然后倒出电解液，注入相对密度为 1.06 的电解液或蒸馏水，用电流进行充电，使蓄电池单格电压上升到 2.4V 当电解液密度显著升高后，再将充电电流降低 20h 率继续充电，直到电压和电解液密度不再升高时，才暂停充电

（6）蓄电池自行放电（表7-6）

表 7-6　蓄电池自行放电

故障现象	蓄电池自行放电
故障诊断	蓄电池放置 24h 后容量减少 3% 以上，时间久了，极板便产生硫化
故障原因	电解液中含有较多金属杂质，在充电时两种不同的金属杂质附着在极板上产生电位差
故障解决	将蓄电池完全放电，使附着在极板上的杂质进入电解液中。接着把电解液倒出来，并用蒸馏水仔细清洗蓄电池，然后注入新的电解液。再用正常电流充电后静置 1h，最后用加速充电法充足电，蓄电池即可恢复正常

（7）蓄电池外壳或隔板破裂（表7-7）

表 7-7　蓄电池外壳或隔板破裂

故障现象	蓄电池外壳或隔板破裂
故障诊断	外壳破裂会使电解液外漏，使单格电池互相连通，电池容量和电压以及电解液密度均显著下降。极板因暴露在空气中而被硫化
故障原因	蓄电池受了强烈振动或撞击，或是在充电时没有打开盖子，以及蓄电池内气压陡增等，使得外壳或隔墙破裂
故障解决	一般换新的外壳。蓄电池隔墙破裂不如外壳破裂那样容易被发现，常用的方法是：在被检查的电池槽内加足相对密度为 1.05 的电解液，把两块接有导线的铝板分别放在两个单格内，再将铝板的导线接在电源上，并在电路上串联一个灯泡，如果灯泡发亮或微红，说明隔墙已破裂

（8）蓄电池经常亏电（表7-8）

表 7-8　蓄电池经常亏电

故障现象	蓄电池经常处于亏电状态下工作，信号装置、照明装置、启动装置不能正常工作，如喇叭声音沙哑，转向灯闪得慢甚至不闪，发动机转动无力等现象一直存在
故障诊断	在白天行驶时，照明开关断开，三相交流发电机只有两相通到整流调节器。当发电机转速低而且产生的电压低于调节器的电压时，调节器不起作用，产生的电流将直接对蓄电池充电 摩托车在夜间行驶时，照明开关闭合，三相交流发电机的电流供给整流器，此时，交流发电机的输出功率增大，以适应负荷增加的需要 断开交流发电机与整车电缆的接头，启动发动机，保持转速在 5000r/min，用电压表测量电机三相电压，如果不符合要求，应更换 用万用表电阻挡测量整流器，应符合要求，如不符合要求，应更换 检查手把开关。开关闭合时，白/红线与白/绿线应通，如不通也应更换

续表

故障原因	❶ 三相交流发电机线圈间短路 ❷ 整流调节器调整电压过低 ❸ 照明开关的触点接触不良。在夜间行驶时，照明负荷增加，但由于三相交流发电机仍然由两相供电，因而引起蓄电池过度放电。启动次数过多，或信号装置、照明装置在发动机停机时使用时间过长
故障解决	更换损坏的零部件

（9）蓄电池不充电（表7-9）

表7-9　蓄电池不充电

故障现象	蓄电池不充电
故障诊断	将充足电的蓄电池装上车以后，使用不久电能就用尽，此后，无论发动机工作还是不工作，信号装置都不工作。将蓄电池的正极引线取下，串联一个电流表，启动发动机，表上无电流显示 　　根据分析可知，出现上述现象，说明故障发生在交流发电机到调节器范围内，而从蓄电池到信号装置和照明装置的线路并无故障 ❶ 交流发电机的线圈短路或断路。检查时，可用万用表检查交流发电机白/绿→白/红、白/绿→黄、白/红→黄线之间的电阻，如不符合要求，应修理或更换 ❷ 充电线路断路、短路或整流调节器内部被击穿。检修时，可断开整流调节器与整车电缆的接头，启动发动机，并保持在5000r/min，用万用表分别检查白/绿→白/红、白/绿→黄、白/红→黄线之间的电压。如果有两相电压为0V，说明线路有断路故障，应检查排除 　　如果电压符合要求，可将线路恢复，再断开蓄电池的连接导线，可用万用表检查整流器的输出电压（红→地），如果电压为0V或很低，说明整流器损坏，应更换
故障原因	❶ 交流发电机的线圈短路或断路 ❷ 充电线路断路、短路或整流调节器内部被击穿
故障解决	更换或修复故障线束、零部件

（10）蓄电池溢水（表7-10）

表 7-10　蓄电池溢水

故障现象	铅蓄电池在使用过程中，由于电解液中水的电解和挥发，电解液液面会有所下降。但摩托车行驶一段路程，电解液中水会溢出很多则是不正常的
故障诊断	待发动机高速运转时，检测充电电压，要求不超过规定值，如果超过规定值，则调整发电机和调节器 如果蓄电池溢出大量电解液，则是由于蓄电池密封不良（通气孔必须保持畅通），或摩托车行驶时过分倾斜造成的。对此可换用摩托车铅蓄电池
故障原因	❶ 蓄电池的充电电压过高（充电电流过大引起的） ❷ 蓄电池密封不良
故障解决	调整发电机和调节器或更换蓄电池

（11）发电机和调节器烧蚀（表7-11）

表 7-11　发电机和调节器烧蚀

故障现象	发电机和调节器烧蚀
故障诊断	检修调节器时，应按标准间隙进行调整 此外，行车要用经济车速（三轮摩托车不超过 40km/h，两轮摩托车不超过 60km/h），以防止发电机温升过高 蓄电池电压应保持在 6V 以上，并注意正确安装定子和转子的固定螺钉
故障原因	❶ 拆装发电机时零部件安装不当，定子和转子固定螺钉松动，使内部产生摩擦。发电机过速运转，温升过高 ❷ 调节器工作失调或调整不当，不能正常控制发电机的电压，电压忽高忽低。发电机熄火后，逆流继电器不能自动分离，使蓄电池电压反极 ❸ 接线柱外接线路有短路故障
故障解决	更换损坏的零部件

（12）发电机无电压输出（表7-12）

表 7-12　发电机无电压输出

故障现象	发电机无电压输出
故障诊断	用万用表直流挡检查发电机电压，即先断开接线柱外接线，将万用表负表笔搭铁，正表笔分别接触接线柱和电源正极接线处，若测得 6.3 ～ 8.2V 电压，说明发电机发电正常 若没有万用表，可用改锥碰触接线柱和定子外壳，有火花则说明发电机在工作，无火花表明发电机有故障 检查电枢线圈时，用万用表电阻挡，一个表笔接转子铁芯，另一个表笔接整流器铜片。表针不动证明转子性能良好，指针摆动说明电枢线圈内部短路 检查定子部分时，拆下调节器和电源，用万用表电阻挡，两个表笔分别接触磁场线圈的两端，指针若不动说明磁场线圈断路，应分别对每组线圈做进一步检查。当发现表针摆动时，表明所测线圈有短路故障。这时应将一个表笔接发电机壳，另一个表笔分别接该线圈两端，找出短路故障所在，以便及时更换有短路故障的磁场线圈
故障原因	❶ 多次拆卸，使接线松动或线头折断 ❷ 转子部分的整流器烧蚀，电枢线圈短路或断路 ❸ 定子磁场线圈接触不良或短路
故障解决	更换或修复损坏的线路及零部件

（13）发电机调节器故障（表7-13）

表 7-13　发电机调节器故障

故障现象	发电机正常工作时，但仍无电压输出
故障诊断	发电机正常工作时，但仍无电压输出，证明故障出在调节器，若调节器电磁线圈未烧坏，则可能是调节器调整不当或继电器触点接触不良，以及逆流继电器触点烧蚀等 检查时让发电机中速运转，取下接线柱外接导线，用小型改锥接触逆流继电器两个触点，产生火花，迅速吸转活动臂，说明触点接触不良或烧蚀
故障原因	发电机调节器

故障解决	用细砂条清洁触点表面 逆时针转动触点间隙调整螺钉，用尖嘴钳调整继电器触点间隙，使接触面达 2/3 以上

（14）发电机输出电压过低（表7-14）

表 7-14　发电机输出电压过低

故障现象	喇叭不响、灯光不亮
故障诊断	整流器有烧蚀现象时，要用细砂布磨光铜片表面积炭。如果铜片磨损严重，应把铜片全部拆下来，将云母片用钢刀片刮成深 0.5 ～ 0.7mm 的槽（只刮与炭刷接触部位），然后把转子装好 若发电机电压正常，但输出电压仍达不到额定值，说明问题在调节器部分，原因是调节器电压过低，继电器触点接触不良。可顺时针转动电压调整螺母，紧固接线柱外接线螺钉，故障即可排除
故障原因	❶ 长时间缺乏保养，电刷过短，定子内有大量油污，以及整流器烧坏或整流器铜片磨损严重 ❷ 蓄电池亏电使发电机负荷加重，也会导致输出电压过低
故障解决	每行驶 4000km 保养一次发电机，清除定子内的油污和积炭 电刷短于 12mm 时要及时更换

（15）充电指示灯亮起（表7-15）

表 7-15　充电指示灯亮起

故障现象	充电指示灯亮起，正常情况下，发动机熄火后关闭点火开关时，应该熄灭
故障诊断	当发电机继电器的触点工作失灵而处在经常闭合状态时，充电指示灯便会出现假显示故障 关闭点火开关后充电指示灯亮的原因，是由于蓄电池在向它供电。其供电回路为蓄电池正极搭铁→用电设备搭铁→用电设备→充电指示灯→调节器电枢接线柱→继电器触点→点火线圈→调节器电磁接线柱→蓄电池负极

续表

故障原因	继电器触点常处于闭合状态的原因可能有三点： 一是触点烧蚀； 二是活动触点臂后端弹簧的弹力下降； 三是继电器铁芯不能及时断电消磁（并联线圈断路）
故障解决	常用砂纸摩擦触点表面，及时更换活动触点臂后端的弹簧及排除继电器铁芯不消磁的故障

7.2　照明系统

7.2.1　照明系统组成

照明系统通常由前照灯、变光开关、尾灯和仪表照明灯等组成。照明系统的工作通常由点火开关（综合开关）控制。当点火开关位于夜间行驶位置时，照明系统经点火开关与电源接通。

在采用直流发电机或较大功率交流发电机的电气系统中，照明系统通常采用直流电源供电。在采用磁电机（永磁式交流发电机）的电气系统中，照明系统通常采用交流电源供电。

7.2.2　常见故障及原因分析

（1）照明、信号装置不工作（表7-16）

表 7-16　照明、信号装置不工作

故障现象	打开点火开关，操作有关按钮，各种灯具都不亮，喇叭不响
故障原因	❶ 电路局部短路，引起熔丝熔断 ❷ 电路某处插头插座脱落 ❸ 点火开关内部断路，未接通电源
故障解决	❶ 找出短路部位并排除，并换上新的熔丝 ❷ 找出脱落的插头插座，插好后套上塑料套管，以防同其他线头或车体金属部位接触 ❸ 更换点火开关

（2）前灯丝烧断（表7-17）

表 7-17　前灯丝烧断

故障现象	前灯丝烧断
故障原因	❶ 蓄电池电解液不足或密度过低，接线柱松动或锈蚀，内部出现短路等。应及时添加电解液，给蓄电池充电，清除锈迹并紧固接线柱，必要时换新蓄电池 ❷ 硅整流器引线断路或内部被击穿，应进行修理或换新整流器 ❸ 熔丝引线连接部位生锈或熔丝被熔断，应清除锈迹或换新熔丝 ❹ 由于电压过高、行车振动过大或超出了使用期限，灯泡被损坏 ❺ 应换同一规格的新灯泡
故障解决	更换损坏的零部件

（3）灯光较弱（表7-18）

表 7-18　灯光较弱

故障现象	灯光较弱
故障原因	❶ 灯泡增设过多或使用了超规定功率的灯泡 ❷ 透镜及聚光罩脏污或变形 ❸ 灯泡超过使用极限 ❹ 照明开关及远程开关接线端接触不良或内部触点接触不良 ❺ 电机充电线圈漏电 ❻ 电缆组件连接不良或接地不良
故障解决	更换或修复损坏的线路或零部件

（4）灯光暗淡（表7-19）

表 7-19　灯光暗淡

故障现象	灯光暗淡

续表

故障诊断	启动后，打开夜间照明开关，前照灯及尾灯均亮，但灯光暗淡，呈线状，加大油门使发动机转速增加，灯光也不能达到应有亮度 首先判定故障是发生在照明电路还是电机照明线圈 将电机照明线圈输出接头拆开，然后把电量充足的6V蓄电池接入照明电路，前照灯及尾灯亮度正常，说明照明电路无故障。启动发动机，加大油门，测量照明线圈电压，均不能超过6V，熄火测量线圈电阻阻值小于0.2Ω，说明线圈内部有短路 将照明线圈拆下，拆去漆包线，记录原来圈数，检测出线径，然后用高强度漆包线按原来圈数绕制，绕好后，浸漆烤干，安装试车，故障排除
故障原因	❶ 使用了功率过大、电压过高的灯泡 ❷ 开关或线路漏电 ❸ 开关接点、导线接头接触不良，导电不好 ❹ 电机照明线圈损坏，发出的电压不足等
故障解决	将照明线圈拆下，拆去漆包线，记录原来圈数，检测出线径，然后用高强度漆包线按原来圈数绕制，绕好后，浸漆烤干

（5）照明电压过高（表7-20）

表 7-20 照明电压过高

故障现象	灯泡容易烧坏
故障诊断	检查充电线路是否发生断路故障，其方法如下 断开电机中的白/红线，用万用表测量电机的白/红线与黑/白线的电阻，应为0～1Ω，如果电阻为无限大，应修理或更换电机 用万用表黑表棒接电缆中的白/红线，红表棒接蓄电池的正极，此时电阻应为8～12Ω。如果电阻为无穷大，应检查熔丝是否熔断，二极管是否烧坏。如果二极管烧坏，应更换
故障原因	车在夜间行驶时，电机发出的电一部分供照明装置，另一部分经过二极管整流后给蓄电池充电；在白天行驶时，电机发出的电能一部分经二极管整流后给蓄电池充电，另一部分通过照明开关、负载电阻回到电机 充电线路发生断路故障时，会因用电负荷减少而使照明电压升高，同理在白天行驶时，照明开关的触点接触不良，负载电阻不起作用，会使充电电压升高，蓄电池出现过充电现象

续表

故障解决	更换或修复损坏的线路或零部件

（6）发动机工作，照明装置不工作（表7-21）

表7-21　发动机工作，照明装置不工作

故障现象	发动机工作，照明装置不工作
故障原因	❶ 电机的照明线圈断路或短路 ❷ 照明开关触点接触不良 ❸ 照明系统线路断路或短路
故障解决	❶ 电机的照明线圈断路或短路。检修时，可用万用表或灯泡一端接电机的照明输出线，另一端搭铁，踩踏发动机的启动蹬杆，如果万用表的指针摆动或灯亮，说明电机无故障；否则，应拆开电机仔细检查 ❷ 照明开关触点接触不良，若触点接触不良应修理或更换 ❸ 照明系统线路断路或短路，可在照明开关前端接一个电压表或试灯启动发动机，操纵照明开关，根据短路故障电流大，电压急剧下降这一特征，判断电路是短路还是断路

7.3 信号系统

7.3.1 信号系统的组成

信号系统通常由电喇叭装置、转向信号装置和制动信号装置三部分组成。电喇叭装置主要由电喇叭及电喇叭按钮组成；转向信号装置主要由闪烁器、转向信号灯、转向信号灯开关及转向信号指示灯组成；制动信号装置主要由制动灯及制动灯开关组成。

7.3.2 常见故障及原因分析

（1）喇叭不响（表7-22）

表7-22　喇叭不响

故障现象	喇叭不响

续表

故障原因	❶ 蓄电池、熔丝、总开关工作存在故障 ❷ 线路某处连接不良或断路，应及时检修 ❸ 检查喇叭开关内部触点接触不良 ❹ 检查喇叭内部触点被烧蚀
故障解决	更换或修复损坏的零件或线路

（2）灯光正常，但电喇叭声音沙哑（表7-23）

表 7-23 灯光正常，但电喇叭声音沙哑

故障现象	灯光正常，但电喇叭声音沙哑
故障诊断	检修时，如果是喇叭按钮触点接触不良，应修理或更换按钮 调整电喇叭的方法是：先将电喇叭从车上取下，串联电流表后接到蓄电池上，然后用起子调整电喇叭的调节螺钉，直到喇叭的音质最好、电流最小时为止。调好后，要用万能胶将调节螺钉封住
故障原因	❶ 喇叭按钮接触不良 ❷ 接触电阻较大 ❸ 电压下降 ❹ 电喇叭调整不当
故障解决	修复损坏的零部件，或调整电喇叭

（3）刹车指示灯不亮（表7-24）

表 7-24 刹车指示灯不亮

故障现象	刹车指示灯不亮
故障原因	❶ 刹车指示灯灯泡损坏 ❷ 从点火开关到刹车开关之间的电路断路 ❸ 刹车开关内触点接触不良
故障解决	❶ 更换灯泡 ❷ 检查从点火开关到刹车开关之间的电路，排除断路故障 ❸ 拆下刹车开关，检查并调整触点

（4）行车时灯光逐渐变暗，喇叭声音沙哑（表7-25）

表7-25　行车时灯光逐渐变暗，喇叭声音沙哑

故障现象	行车时灯光逐渐变暗，喇叭声音沙哑
故障原因	电机引出线没有电压输出，行车时蓄电池未充电，输出电压逐渐下降；整流管损坏
故障解决	检查电机引出线是否断线或脱焊，若是则更换整流管

（5）转向灯工作不正常（表7-26）

表7-26　转向灯工作不正常

故障现象	转向灯工作不正常
故障原因	转向灯中有一个灯泡损坏
故障解决	找出损坏的灯泡，并更换

（6）转向灯工作不良（表7-27）

表7-27　转向灯工作不良

故障现象	转向灯工作不良
故障原因	❶ 蓄电池内电解液不足或密度下降；接线柱松动或接触不良，内部短路。应注意添加电解液，紧固接线柱，或换新蓄电池 ❷ 熔丝熔断或连接部生锈，应注意清除锈迹或换同一规格的熔丝 ❸ 总开关内部或端子连接部位接触不良 ❹ 闪光继电器内部触点烧蚀，接线端子连接部位接触不良。应打磨触点，使连接部位接触良好 ❺ 转向灯开关内部触点污损或生锈，应及时打磨触点 ❻ 使用了不合规定的转向灯，或灯泡的灯丝烧断，应换一个合适的灯泡 ❼ 线路某处连接不良或断路，应及时检修
故障解决	更换或修复损坏的零件或线路

（7）喇叭不响（表7-28）

表 7-28　喇叭不响

故障现象	喇叭不响
故障原因	喇叭按钮接触不良或喇叭内部的触点间隙发生变化引起的
故障解决	拆下喇叭按钮，用细砂纸打磨触点 调整喇叭内部触点的间隙，直至响声正常

（8）转向时方向灯亮，鸣响器不响（表7-29）

表 7-29　转向时方向灯亮，鸣响器不响

故障现象	转向时方向灯亮，鸣响器不响
故障原因	鸣响器接点间隙不对
故障解决	将鸣响器拆下，用细砂纸打磨接点，然后打开转动开关，调整接点间隙，直至鸣响器响声正常为止

（9）转向灯不闪故障（表7-30）

表 7-30　转向灯不闪故障

故障现象	转向灯不亮
故障诊断	信号电路出现故障，应重点检查信号电路回路及电路中以串联方式连接控制开关、信号电器是否存在故障 信号电路回路：蓄电池正极电源→熔断器→点火开关→闪光继电器→转向开关→转向灯（左右）→地→蓄电池负极 打开点火开关，按动喇叭按钮，电喇叭发出较洪亮的声音，说明蓄电池电压正常、点火开关接触良好 检查闪光继电器故障。用导线将闪光继电器两插头之间短接后插入插座，打开点火开关，拨动转向开关，转向灯发光（但不闪光），说明信号电路回路正常，即蓄电池正极电源经点火开关、转向控制开关、闪光继电器（短接）、转向灯至蓄电池负极 闪光继电器损坏，导致转向信号电路无法形成回路，转向灯不闪光。如果短接闪光继电器的插头后，转向灯仍不发光，应检查点火开关至闪光继电器之间正极电源是否断路、转向开关触点接触是否良好、导线或左右转向灯故障

续表

故障诊断	检查转向开关，将万用表置电压挡，红表笔与闪光继电器正极电源（黑色线）相接，黑表笔接地。打开点火开关，正常情况下测出直流电压为12V。万用表无电压指示或电压低于12V，说明点火开关至闪光继电器之间的正极电源断路、转向开关接触不良
	检查转向开关。关掉点火开关，万用表置电阻挡，红表笔与闪光继电器正极电源（浅蓝色）线相接，黑表笔与转向开关绿色线或黑色线相接。任意方向拨动转向开关，正常情况下电阻为0，实际测出电阻为∞。经检查转向开关左向触点断路（电阻∞）、右方向开关触点间接触不良（0.2～2Ω）
	检查左转向电路，拆掉前后左转向灯泡，发现转向灯泡功率（15W/12V）与车辆规定的转向灯功率（10W/12V）不符，前转向灯灯座锡焊点较低，灯泡与灯座间接触不良；后转向灯座的接地线断线
	更换转向开关、转向灯总成。打开点火开关，左右方向拨动转向开关，转向信号灯闪烁，故障排除
故障原因	转向开关损坏、转向灯灯泡功率与车辆规定不符
故障解决	更换转向开关、转向灯总成

7.4 仪表

7.4.1 仪表的组成

摩托车的仪表用以监测和显示车辆的工况，常用的仪表有车速里程表、燃油表、充电指示灯、空挡指示灯、转向信号指示灯、机油压力指示灯、油位指示灯和远光指示灯等。

7.4.2 常见故障及原因分析

里程表故障（表7-31）。

表 7-31　里程表故障

故障现象	车速表指针不动

故障诊断	先检查传动部分，拆下装在前轮轮毂上的里程表软轴的动力输出端，抽出软轴芯子，检查头部是否磨损。如头部磨损成圆形，应更换；如没有磨损，则拆去连接里程表螺纹的软管端，不装软套管直接将软轴的头部塞入里程表方孔内，同时用手指转动软轴，如车速表指针仍不动，说明故障在里程表转动部分。如果车速表指针与手转的快慢同步，说明里程表软轴的头部没有装好，应重装。安装头部的时候应小心，头部没有对好，绝对禁止旋紧螺母，否则会使软轴芯硬性缩笼受损。装时应先装轮毂端，然后慢慢转动轮毂，插入头部，套上螺母，同时继续旋转轮毂，观察上端的头部是否也在旋转，如旋转，说明正常，即可缓慢地将上端头部塞进里程表方孔，再旋转前轮看指针是否随着转动，如转动，可将上端螺母拧紧 里程表转动部分故障通常是速度盘轴折断或轴端磨损，应及时更换新件 车速表指针摇摆不定或抖动，一般是由于软轴或套管折伤或速度盘轴承松晃严重引起的。先拆下软轴和套管，检查套管有无压扁、损伤的地方，如有应更换新件。若套管完好，则抽出软轴，两手握其两端，使中间部分下垂，两手指同时转动软轴，若中间部分上下翻转的幅度较大，说明软轴已经折伤，转动时有伸出缩进的现象，使头部到达里程表方孔里的深度不够，所以指针才摇摆不定，应更换新件。此外，应检查速度盘轴承，若松动，则需更换新件
故障原因	车速表的转动或传动部分
故障解决	更换或修复损坏的零件或线路

参考文献

［1］ 顾惠烽等 . 汽车常见故障　识别·检测·诊断·分析·排除［M］. 北京：化学工业出版社，
　　　2019.

［2］ 杨智勇 . 摩托车维修全程图解［M］.2 版 . 北京：化学工业出版社，2018.

［3］ 张能武 . 摩托车维修入门与技巧［M］. 北京：化学工业出版社，2017.

［4］ 宁德发 . 图解摩托车维修一本通［M］. 北京：化学工业出版社，2018.